Hans Georg Elsaesser • Kosmos-Sätze

Hans Georg Elsaesser

30. 9. 2000

Hans Georg Elsaesser

Kosmos-Sätze

Netzwerk für ein neues Weltbild

FRIELING

E-mail des Autors: elsaesser@freesurf.ch

Die Deutsche Bibliothek – CIP-Einheitsaufnahme

Elsaesser, Hans Georg:

Kosmos-Sätze : Netzwerk für ein neues Weltbild / Hans Georg Elsaesser. –
Orig.-Ausg., 1. Aufl. – Berlin : Frieling, anno 2000
ISBN 3-8280-1189-6

© Frieling & Partner GmbH Berlin
Hünefeldzeile 18, D-12247 Berlin-Steglitz
Telefon: 0 30 / 76 69 99-0

ISBN 3-8280-1189-6
1. Auflage anno 2000
Umschlaggestaltung: Graphiti
Bildnachweis: Archiv des Autors
Sämtliche Rechte vorbehalten
Printed in Germany

Inhaltsverzeichnis

Kurz das Wichtigste

Die Kosmos-Sätze – um was geht es da?

Der Beginn des dritten Jahrtausends ist gekennzeichnet durch eine gewaltige Fülle wissenschaftlicher Erkenntnisse, durch ein Nebeneinander unterschiedlichster religiöser Dogmen, durch eine Unzahl von „Ismen".

Der Großteil der naturwissenschaftlichen Erkenntnisse ist nur wenige Jahrhunderte, einige Jahrzehnte oder gar nur ein paar Jahre alt.

Das Wissen ist unermeßlich, die Kommunikation weltumspannend. Mir aber scheint, es fehle an der Vernetzung, an der ganzheitlichen Betrachtung, am interdisziplinären Herantasten an notwendige Lösungen des zentralen Geist-Materie-Problems.

Die vorliegenden Kosmos-Sätze sind mein Versuch, diese bestehende Lücke zu füllen. Grundlegendes Wissen über die Natur schäle ich heraus, stelle Verbindungen her und wage, das Ganze zusammenfassend in Sätzen festzuhalten.

Eine allzu schwierige Aufgabe? Ein zu hoch gestecktes Ziel?

Mag sein – aber trotzdem, was hindert mich, den faszinierenden Versuch zu wagen?

Das Wissen über die Natur

Sei es die kopernikanische Wende, seien es unsere Kenntnisse über den Aufbau der Atome, sei es das Coulombsche Gesetz von der Anziehung und Abstoßung elektrischer Ladungen, seien es die Erhaltungssätze von Energie, Impuls und Ladung, sei es Darwins Erkenntnis über die Entstehung der Arten, sei es Einsteins

Masse-Energie-Äquivalent oder Heisenbergs Unschärfe-Prinzip, sei es unser Wissen über die Nutzung der Sonnenenergie durch die Photosynthese der Pflanzen, sei es die Entdeckung der Struktur der Erbsubstanz DNA durch Watson und Crick, sei es die Ausgrabung von Lucy, einer Zeugin aus den Anfängen der Menschheit, seien es Jane Goodalls Beobachtungen über das Verhalten von Schimpansen, sei es die durch N. Wiener begründete Kybernetik, oder seien es die dem Laien zugänglich gemachten „latest news" der Gehirnforscher; all diese Ergebnisse wissenschaftlichen Bemühens – um nur einige zu nennen – bilden Bausteine für das Formulieren der Kosmos-Sätze.

Als Mensch sind wir Teil der Natur. Wenn wir vom Wissen über die Natur sprechen, müssen wir somit auch all das einschließen, was wir über uns Menschen wissen.

Die Vernetzung von Wissen über die Natur

Ich vernetze grundlegende Erkenntnisse aus Physik, Chemie, Kybernetik und Biologie mit ihren Teilgebieten Physiologie, Hirnforschung, Verhaltenslehre und Evolutionslehre.

So versuche ich beispielsweise einen Stein, einen Sonnenstrahl, einen Lockruf, einen Juckreiz und einen kreativen Gedanken in einem einzigen Ganzen unterzubringen.

Wissen ist objektiv, das Zusammenfügen zu einem Netzwerk ist subjektiv und damit der Kritik ausgesetzt. Auch wenn die Kosmos-Sätze in sich als schlüssig beurteilt würden, heißt dies nicht, daß sie auch der Kritik standhalten können. Es genügt, wenn sie zu Diskussionen anregen.

Nachfolgend sind die fünf Grundlagen aufgeführt, auf welchen die Vernetzung basiert:

Erste Grundlage: Die Identifikation der Komponenten des Kosmos

Die Komponenten Energie, Energie-umwandeln, Ladung, Ordnung, Um-ordnen, Raum und Zeit werden als die Komponenten des Kosmos, als die Teile des Ganzen, identifiziert.

Einige Stichworte zu den Komponenten:

Die Komponenten Energie, Energie-umwandeln, Ordnung und Um-ordnen treten in mannigfachen Formen auf.

Energie tritt unter anderem als kinetische Energie auf, z. B. als kinetische Energie eines fahrenden Zugs.

Energie-umwandeln tritt z. B. als Umwandeln von elektrischer Energie in Wärme auf.

Ordnung tritt als Anordnung im Raum und in der Zeit auf, wie wir sie z. B. beim Lauf der Planeten oder der Struktur eines Kristalls feststellen können. Ordnung tritt aber auch in ganz anderen, höheren Formen auf, z. B. als Fähigkeit zu überleben.

Ähnlich das Um-ordnen: Es tritt als Um-ordnen im Raum und in der Zeit auf, z. B. als Wellenschlag des Meeres. Um-ordnen tritt aber auch in ganz anderen, höheren Formen auf, z. B. als Denken.

Die Physiker unterscheiden vier verschiedene Ladungen, die elektrische Ladung ist eine davon. Definitionsgemäß wirken zwischen gleichartigen Ladungen Kräfte, z. B. die Schwerkraft zwischen der Masse (Ladung) eines Steins und der Masse der Erde.

Alles Sein und alles Geschehen ist eingebettet in Raum und Zeit.

Wo treten die Komponenten auf? Die Komponenten Energie, Ladung und Ordnung treten in Elementarteilchen, in Wesenheiten und in Feldern (keine Ladung) auf – sie sind die Träger dieser Komponenten.

(Siehe Kapitel 1)

Zweite Grundlage: Die Einführung des Begriffs Wesenheit
Alle festen Dinge, Flüssigkeiten und Gase sind Wesenheiten.

Alle Lebewesen, Teile von Lebewesen und Gemeinschaften von Lebewesen sind Wesenheiten, und auch der Mensch und seine Institutionen sind Wesenheiten.

Der Begriff Wesenheit ist ein Sammelbegriff, wir brauchen ihn, um schließlich uns Menschen in den Kosmos eingliedern zu können.

Jede Wesenheit hat ihr wesenseigenes Sein und ihre wesenseigene Geschichte.

Jede Wesenheit ist aufgebaut aus Teilwesenheiten, diese Teilwesenheiten sind wieder aufgebaut aus Teilwesenheiten und so fort bis zu den Bausteinen Protonen, Neutronen und Elektronen. So können wir sagen, jede Wesenheit ist ein mehr oder weniger komplexes Gebäude, gebaut aus Protonen, Neutronen und Elektronen.

Jede Wesenheit hat ihre Umwelt.

(Siehe Kapitel 2)

Dritte Grundlage: Das Hervorheben der Bedeutung von Zielen

Was ist ein Ziel? Ein Ziel ist ein bestimmtes zukünftiges Sein oder Geschehen, welches eine Wesenheit durch selbstgeregeltes Wirken mit der Umwelt – unter günstigen Bedingungen – erreichen kann.

Ein Ziel ist das, was in Zukunft sein oder geschehen soll. Es wird durch ein aktives, von einer Wesenheit initiiertes Wirken mit der Umwelt erreicht.

Lebewesen haben die Fähigkeit, *Ziele zu erreichen*. Die Ziele sind das Überlebensziel und die Milliarden von Teilzielen des Überlebensziels. Die Fähigkeit, Ziele zu erreichen, ist das, was die Lebewesen von den toten Dingen (außer Computern und Automaten) unterscheidet; es ist z. B. die Fähigkeit der Meise, ein Nest zu bauen.

Beim Menschen ist es die Fähigkeit, *Ziele zu setzen* bzw. Handlungen zu planen, die ihn vom Tier unterscheidet, und dies trotz der Vermutung, daß auch bei höheren Tieren das Setzen von Zielen in kleinsten Ansätzen vorhanden ist. Mit der Fähigkeit, Ziele selbst zu setzen, sind höheres Bewußtsein, Geist, Seele, Kreativität, Kognition, Intuition, Verantwortung, Ethik, Freiheit, Machtmißbrauch und Moral entstanden – also all das, was uns zu Menschen macht.

Mit dem Sammelbegriff „Wesenheit" haben wir sehr vieles in einen Topf geworfen. Nun wollen wir wieder auseinandernehmen und die Wesenheiten nach ihren Fähigkeiten, Ziele zu setzen und zu erreichen, klassieren. Wir definieren:
- Wesenheiten der ersten Ebene sind Wesenheiten ohne die Fähigkeit, Ziele zu erreichen; z. B. der Mond, ein Meer, ein Messer;
- Wesenheiten der zweiten Ebene sind Wesenheiten mit der Fähigkeit, Ziele zu erreichen bzw. selbstgeregelt zielgerichtet zu funktionieren; z. B. eine Milbe, ein Muskel, eine Meise, ein Münzautomat oder ein Männerchor;
- Wesenheiten der dritten Ebene sind Wesenheiten mit der Fähigkeit, Ziele zu setzen und zu erreichen bzw. eine Handlung zu planen und auszuführen – auf unserem Planeten sind es nur wir Menschen, die dazu befähigt sind.

(Siehe Kapitel 2 und 6)

Vierte Grundlage: Die Feststellung, daß Ordnung und das Umordnen auf drei einander überlagerten Ebenen auftreten kann

Bei Wesenheiten kann Ordnung und das Um-ordnen auf drei einander überlagerten Ebenen auftreten:
- auf der physikalischen Ebene,
- auf der biologischen und regeltechnischen Ebene und
- auf der mentalen Ebene.

Zwei Beispiele zur Erläuterung:

Wenn sich ein Muskel kontrahiert, dann ändern Elektronen, Atome und Moleküle des Muskels ihre Standorte und ihre Bewegungen. Dieses Ändern der Standorte und Bewegungen ist ein Um-ordnen auf der ersten, physikalischen Ebene. Überdies, wenn sich ein Muskel kontrahiert, dann erreicht er ein Ziel, nämlich das Ziel, sich zu kontrahieren. Das Erreichen dieses Ziels bzw. das selbstgeregelte zielgerichtete Funktionieren ist ein Um-ordnen auf der zweiten, biologischen Ebene, es ist dem Um-ordnen auf der physikalischen Ebene überlagert.

Auch wenn ein Mensch denkt, ändern Elektronen, Atome und Moleküle seines Gehirns ihre Standorte und Bewegungen, und auch hier ist dieses Ändern ein Um-ordnen auf der ersten, physikalischen Ebene.

Denken ist ein Um-ordnen auf der dritten, mentalen Ebene, es ist dem Um-ordnen auf der physikalischen Ebene und der Gehirntätigkeit, wie sie auch bei Primaten vorkommt, überlagert.

(Siehe Kapitel 6 und 7)

Fünfte Grundlage: Die Berücksichtigung der wichtigsten Sachverhalte der Evolution

Die wichtigsten Sachverhalte der Evolution sind:
– das Auftreten der Komponenten des Kosmos und ihrer Träger,
– das Entstehen und Entwickeln der Lebewesen und
– das Entstehen und Entwickeln der Menschheit.

(Der Begriff „Evolution" wird hier umfassender als üblich verwendet.)

Zusammen mit dem Entstehen der Lebewesen sind Ordnung und Um-ordnen auf der zweiten, biologischen Ebene entstanden (englisch: „emerged"), sie sind zur Ordnung und dem Um-ordnen auf der ersten, physikalischen Ebene dazugekommen (englisch: „supervened").

Und zusammen mit dem Entstehen der Menschheit sind Ordnung und Um-ordnen auf der dritten, mentalen Ebene entstanden („emerged"), sie sind zur Ordnung und dem Um-ordnen auf der ersten und zweiten Ebene dazugekommen („supervened).

Die Aussagen der Kosmos-Sätze sind aus philosophischer Sicht als Emergenz- bzw. Supervenienztheorie einzugliedern: eine Emergenz- bzw. Supervenienztheorie, abgestützt auf den wichtigsten Sachverhalten der Evolution.

(Siehe Kapitel 8)

Die Grenzen des Wissens

Es gibt letzte Dinge, die unserer menschlichen Erkenntnisfähigkeit nicht zugänglich sind, Dinge, die wir nur erahnen können. Alles überragend steht die Frage nach Gott.

Die Kosmos-Sätze sind im vollen Bewußtsein geschrieben, daß die Resultate der Wissenschaft nicht die ganze Wahrheit erfassen können. Die Kosmos-Sätze berühren keine transzendenten Fragen, sie beschränken sich darauf, eine Auswahl wissenschaftlicher Erkenntnisse zu vernetzen und zu integrieren.

Ist die Wirklichkeit, wie wir sie erkennen, auch Realität? Auf diese Fragen gehe ich im folgenden Kapitel „Wirklichkeit und Wahrheit" ein.

Die Kosmos-Sätze – Was soll's?

Auf die Frage „Die Kosmos-Sätze, was soll's?" gibt es nur persönliche Antworten.

Meine Antwort lautet: Die Kosmos-Sätze helfen mir, mein Weltbild zu formen, sie dienen meinem Selbstverständnis, und sie erlauben mir, zu wichtigen Themen Stellung zu beziehen.

Die Kosmos-Sätze dienen meinem Selbstverständnis

Die Kosmos-Sätze helfen mir, mich ins Ganze einzuordnen, sie dienen meinem Selbstverständnis, und sie bilden eine der Grundlagen meines Weltbildes:

Ich erkenne, daß ich eine Wesenheit bin.

Ich erkenne, daß ich eine Teilwesenheit des Ganzen bin. Ich fühle mich dadurch irgendwie „aufgewertet" und auf unfaßbare Weise mit dem Unfaßbaren verbunden.

Ich erkenne, daß ich Teilwesenheit vieler menschlicher Gemeinschaften und Institutionen bin, Gemeinschaften und Institutionen mit ihren eigenen Zielen und Gesetzmäßigkeiten.

Ich erkenne, daß ich jüngstes Glied einer ununterbrochenen Ahnenreihe bin, die bis zu meinen einzelligen Vorfahren und weiter zurück, bis in die vorbiologische Zeit zurückreicht.

Die Kosmos-Sätze erlauben mir, zu wichtigen Themen Stellung zu beziehen

Ich beziehe Stellung zu den Themen:
- Willensfreiheit,
- Individuum und Gemeinschaft,
- Macht und Freiheit und
- Geist und Materie.

Die Kosmos-Sätze bilden die Grundlage für meine persönlichen Stellungnahmen, ihre Richtigkeit ist formale Voraussetzung für meine Argumentation.

Wirklichkeit und Wahrheit

Die Kosmos-Sätze sind auf Wissen aufgebaut. Bevor wir uns ihnen zuwenden, müssen wir uns zwei Fragen stellen, deren Beantwortung möglicherweise den Wahrheitsgehalt des Wissens relativiert. Die Fragen lauten:
1. Gibt es ein bewußtseinsunabhängiges Ganzes?
2. Ist die Wirklichkeit, wie wir sie erkennen, auch Realität?

Gibt es ein bewußtseinsunabhängiges Ganzes?

Ich nehme an, daß der Kosmos unabhängig von unserem Bewußtsein existiert. Ich gehe mit Konrad Lorenz einig, der in seinem Buch „Die Rückseite des Spiegels" schreibt:

„Dem philosophisch unvorbelasteten Menschen erscheint es völlig abwegig, zu glauben, daß die alltäglichen Gegenstände unserer Umwelt nur durch unser Erleben Realität erhalten … Die Vorstellung, daß alles Große und vielleicht Unendliche erst dadurch Realität erhalten soll, daß die Eintagsfliege Mensch etwas davon merkt, erscheint dem Naturverbundenen nicht nur abstrus, sondern geradezu blasphemisch, wobei der ‚Naturverbundene' ebensogut ein Bauer wie ein Biologe sein kann."

Aber die Existenz eines bewußtseinsunabhängigen Ganzen kann nicht bewiesen werden, uns Menschen fehlt ganz einfach die Fähigkeit dazu.

Ist die Wirklichkeit, wie wir sie erkennen, auch Realität?

Für die Unterscheidung der Begriffe „Wirklichkeit" und „Realität" stütze ich mich auf das Buch „Das Gehirn und seine Wirklichkeit" von Gerhard Roth, Verhaltensphysiologe und Hirnforscher.

Das Gehirn bringt die Wirklichkeit hervor. Die Wirklichkeit ist ein Konstrukt des Gehirns.

„Wenn ich aber annehme, daß die Wirklichkeit ein Konstrukt des Gehirns ist, so bin ich gleichzeitig gezwungen, eine Welt anzunehmen, in der dieses Gehirn, der Konstrukteur, existiert.

Diese Welt wird als ‚objektive' bewußtseinsunabhängige oder transphänomenale

Welt bezeichnet. Ich habe sie der Einfachheit halber Realität genannt und sie der Wirklichkeit gegenübergestellt.

Wir sind damit zu einer Aufteilung der Welt in phänomenale und transphänomenale Welt, Bewußtseinswelt und bewußtseinsunabhängige Welt gelangt. Die Wirklichkeit wird in der Realität durch das reale Gehirn hervorgebracht. Sie ist damit ein Teil der Realität, in der wir vorkommen.

Die Wirklichkeit und damit Erleben, Bewußtsein, Wahrnehmen, Vorstellen, Erinnern usw. – so mögen wir spekulieren – ist eine ‚Erfindung‘ des Gehirns im Zusammenhang mit der Integration multisensorischer Information, ihrer Gestaltung durch Erfahrungsinhalte, die im Gedächtnis vorhanden sind, und dem Ermöglichen von Handlungsplanung. Dies stimmt mit der Tatsache überein, daß bewußtes Erleben nur dann auftritt, wenn etwas Neues und Wichtiges integriert bzw. etwas Bekanntes in neuer Form integriert werden soll und wenn neue Handlungsprogramme angelegt werden müssen. Hierzu ist wohl auch die Konstruktion eines Bewußtseins- und Erlebnissubjektes in Form eines Ich nötig. Für alles andere benötigen wir kein bewußtes Erleben."

Wissenschaft

Die Grundlage aller Naturwissenschaften besteht darin, daß Beobachtungen durch andere Beobachtungen überprüft und dadurch Fehlleistungen weitgehend vermieden werden. Wir können zu Erkenntnissen kommen, die für die gesamte Menschheit Gültigkeit haben, wie z. B. die Erkenntnis, daß sich die Erde um die Sonne dreht und nicht umgekehrt. Trotzdem sagen die Erkenntnisse nichts Objektives aus, sondern nur etwas, das innerhalb der Wirklichkeit der Menschen feststellbar ist.

Zur Frage nach der Wahrheit

Ist objektive Erkenntnis möglich?

In welchem Masse geben uns unsere Erkenntnisse Auskunft über Dinge und Prozesse der bewußtseinsunabhängigen Realität?

Erkenntnisse gewinnen sind schöpferische Akte – sie kreieren die Wirklichkeit. Ob die Wirklichkeit auch der Realität entspricht, ob die Erkenntnisse wahr sind, dazu gibt es drei verschiedene Auffassungen:

1. Die Wirklichkeit und die Realität sind identisch.
2. Die Wirklichkeit ist (nur) Teil der Realität.
3. Die Realität ist anders als die Wirklichkeit.

Unser Erkenntnisapparat wurde zum Erreichen des Überlebensziels geschaffen und nicht zum endgültigen Erkennen der Wahrheit, darum neige ich zur zweiten Auffassung.

1. Die Komponenten des Kosmos

Die Komponenten des Kosmos wurden bereits eingangs identifiziert, nun soll das Gesagte im allerersten Kosmos-Satz festgehalten werden:

Kosmos-Satz 1-1
Die Komponenten des Kosmos sind: Energie, Energie-umwandeln, Ladung,
Ordnung, Um-ordnen, Raum und Zeit.

Warum diese Komponenten und nicht andere?

Vor mehr als 2000 Jahren haben die Griechen postuliert, daß Feuer, Wasser, Luft und Erde die Komponenten des Kosmos seien. Heute setzen wir die Akzente anders.

Fragen wir weiter: Warum sind nicht die Elementarteilchen der Physiker (oder die Quanten und ihre Wechselwirkungen) die Komponenten des Kosmos? Weil wir dann argumentieren müßten, daß z. B. die Fähigkeit der Meise, ein Nest zu bauen, oder die Fähigkeit des Menschen, zu denken, auf Elementarteilchen und ihre komplexe Anordnung reduziert werden können. Mit dieser Aussage wird nur die halbe Wirklichkeit erfaßt. Die Kosmos-Sätze gründen auf der Überzeugung, daß die erwähnten Fähigkeiten eigene Dimensionen haben und sich nicht auf ein Spiel von Elementarteilchen reduzieren lassen.

Sind die Komponenten des Kosmos Geist und Materie? Nein, schon darum nicht, weil es Materie, aufgefaßt als Urstoff oder als Materiebröckchen, gar nicht gibt.

Nun fragt sich, was zu berücksichtigen war, um die Komponenten des Kosmos festlegen zu können.

Der Kosmos *ist* nicht nur, sondern zumindest seit dem Urknall *geschieht* sehr vieles mit und in ihm. Daraus folgt: Es mußten Komponenten des Seins und Komponenten des Geschehens definiert werden.

Der Kosmos ist nicht amorph, kein hauchdünnes Gas gleicher Temperatur und gleicher Dichte füllt ihn aus, unverändert von Ewigkeit zu Ewigkeit. Nein, der Kosmos ist strukturiert, geordnet. Das ganz Kleine ist strukturiert – man denke nur an ein Protein –, und das ganz Große – die Galaxienhaufen – ist strukturiert. Diese Tatsache mußte bei der Identifikation der Komponenten des Kosmos ihren Niederschlag finden.

Auf unserem Planeten ist Leben emergiert und später das Mentale. Auch diese Sachverhalte mußten unbedingt berücksichtigt werden.

Und weiter: Alles Sein und alles Geschehen ist eingebettet in Raum und Zeit.

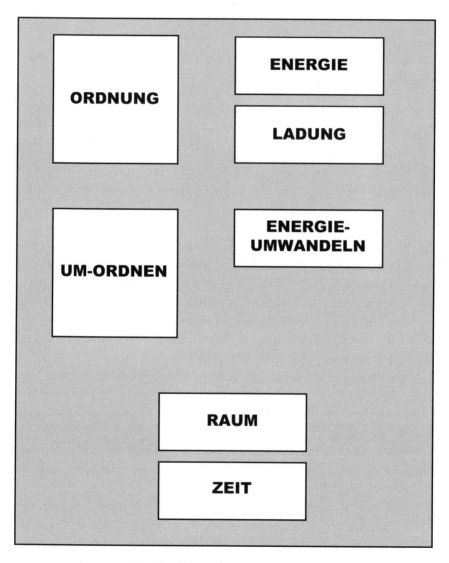

Die Komponenten des Kosmos sind:
Energie, Energie-umwandeln, Ladung, Ordnung, Um-ordnen, Raum und Zeit.

Die Komponenten des Seins

Zunächst zum Begriff Sein. Sein ist ein Zustand. Sein ist ereignislos, aber nicht bewegungslos.

Beispiele: Die um ihre Achse rotierende Erde ist im Seins-Zustand. Moleküle, die sich in einem Gas bewegen, sind im Zustand des Seins, und auch Elektronen die sich ungestört in ihrem Atom bewegen, sind im Seins-Zustand.

Sein wird erst dann vollständig erfaßt, wenn auch das potentielle Geschehen mit einbezogen wird – das, was sich ereignen könnte.

Beispiel: Das Sein des Rosensamens schließt seine Fähigkeit mit ein, eine Rose zu werden.

Welches sind die Komponenten des Seins?

Kosmos-Satz 1-2
Die Komponenten des Seins sind Energie, Ladung und Ordnung.

Wer die Träger der Energie, der Ladungen und der Ordnung sind, werden wir gleich sehen.

Wie Energie, Ladung und Ordnung auftritt, wird in den Kapiteln 3, 5 und 6 beschrieben.

Der Zustand eines Trägers wird nur dann vollständig erfaßt, wenn einerseits seine Energie und gegebenenfalls seine Ladung und andererseits seine Ordnung bekannt ist.

Kosmos-Satz 1-3
Die Komponenten des Seins treten nur gemeinsam auf.

Die Komponenten des Geschehens

Geschehen ist ein einziges oder eine Vielzahl von Ereignissen.

Geschehen ist das Überführen von einem Seins-Zustand in einen anderen.

Je nach Beobachter ist das Geschehen vergangen, gegenwärtig oder zukünftig.

Welches sind die Komponenten des Geschehens? Es sind Energie-umwandeln und Um-ordnen.

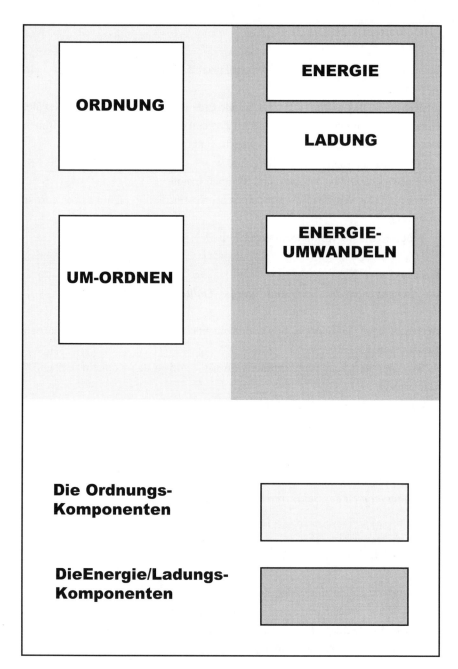

Die beiden Komponenten-Arten

Kosmos-Satz 1-4
Die Komponenten des Geschehens sind Energie-umwandeln und Um-ordnen.

Mit der analogen Begründung wie bei Kosmos-Satz 1-3 schreiben wir:

Kosmos-Satz 1-5
Die Komponenten des Geschehens treten nur gemeinsam auf.

Es gibt kein Um-ordnen, ohne dabei Energie umzuwandeln, und es gibt kein Energie-wandeln, ohne dabei umzuordnen. Um-ordnen und Energie-umwandeln können nur gemeinsam auftreten.

Beispiel: Wenn ein Glas zu Boden fällt, dann wandelt es Energie um, und es wechselt gleichzeitig seinen Standort (ein Um-ordnen); zerbricht es am Boden, dann wird erneut Energie umgewandelt, und aus dem Glas wird ein Scherbenhaufen.

Elementarteilchen, Wesenheiten und Felder

Energie, Ordnung und gegebenenfalls Ladung treten in Elementarteilchen, Wesenheiten und Feldern auf. Oder anders ausgedrückt, Elementarteilchen, Wesenheiten und Felder, sie – und nur sie – sind die Träger dieser Komponenten.

Kosmos-Satz 1-6
Elementarteilchen, Wesenheiten und Felder sind die Träger von Komponenten des Kosmos.

Elementarteilchen und Felder sind Begriffe der Physik.

Von den Elementarteilchen sind es die Protonen, Neutronen, Elektronen, Photonen und die Austauschteilchen, die uns interessieren. Protonen, Neutronen und Elektronen bilden die Wesenheiten. Die Photonen sind die Quanten der elektromagnetischen Strahlung, die Photonen und die anderen Austauschteilchen sind die Träger der Kräfte.

Felder sind ladungslose, unstoffliche, in Raum und Zeit ausgebreitete Träger von Energie und Ordnung.

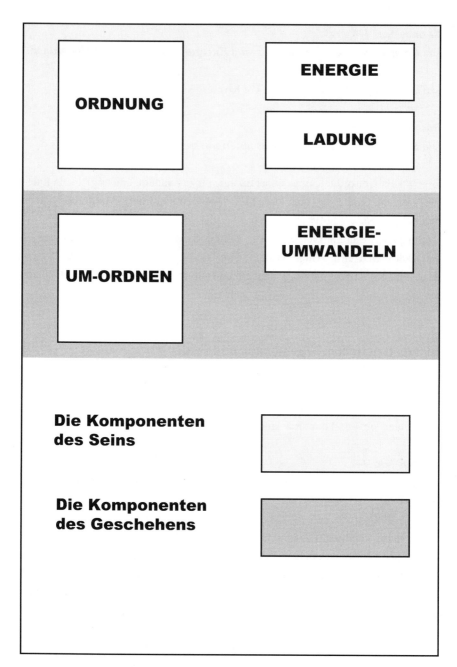

Die Komponenten des Seins und des Geschehens

In Kapitel 2 wird ausführlich dargelegt, was unter Wesenheiten zu verstehen ist.

Die Komponenten Raum und Zeit

In unserem Alltag ist alles Sein und Geschehen eingebettet in einem „flexiblen Raster", gebildet aus den Komponenten Raum und Zeit.

Die Physiker und Astronomen des 20. Jahrhunderts lehren uns aber, daß der Raum und die Zeit anders sind, als wir uns dies vorstellen.

Stephen Hawking schreibt: „Die Relativitätstheorie zwingt uns, unsere Vorstellungen von Raum und Zeit grundlegend zu verändern. Wir müssen uns mit dem Gedanken anfreunden, daß die Zeit nicht völlig losgelöst und unabhängig vom Raum existiert, sondern sich mit ihm zu einer Entität verbindet, die wir Raumzeit nennen."

Es gibt weder einen absoluten Ruhezustand noch eine absolute Zeit. Jede Wesenheit hat ihr eigenes Zeitmaß, das davon abhängt, wo sie sich befindet und wie sie sich bewegt.

Daraus folgt:

Komossatz 1-7
Die Raumzeit mit den Komponenten Raum und Zeit bildet den „flexiblen Raster" für alles Sein und Geschehen im Kosmos.

Die Komponenten des Kosmos im Alltag

In diesem ersten Kapitel haben wir die Komponenten des Kosmos kennengelernt und haben gesehen, wo sie auftreten.

In den Kapiteln 3 bis 7 wird darauf eingegangen, wie die Komponenten auftreten. Hier vorweg einige Beispiele aus dem Alltag:

Auf der Butterpackung können wir lesen, wieviel *Energie* die Butter – ausgedrückt in Kilokalorien – enthält. Die Stromrechnung des Elektrizitätswerks zeigt uns an, wieviel elektrische *Energie* wir *umgewandelt* bzw. verbraucht haben.

Den Begriff *Ladung* haben wir in der Schule kennengelernt. Man hat uns gezeigt, wie sich positiv und negativ geladene Kugeln anziehen.

Auf unserem Schreibtisch sieht es chaotisch aus. Durch gezieltes *Um-ordnen* schaffen wir wieder *Ordnung* auf unserem Tisch.

In einem schönen Wohnzimmer empfinden wir ein *Raum*gefühl.

Wenn wir auf einen Zug warten, verspüren wir das Fließen der *Zeit.*

2. Wesenheiten

Die Wesenheit, ihre Teilwesenheiten und ihre Umwelt

Wesenheit ist der Sammelbegriff für alles, was aus Protonen, Neutronen und Elektronen aufgebaut ist. So sind bereits Atomkerne und Atome Wesenheiten. Weiter sind nicht nur alle festen Dinge, Flüssigkeiten und Gase Wesenheiten, sondern auch alle Lebewesen, Teile von Lebewesen und Gemeinschaften von Lebewesen – auch der Mensch und seine Institutionen sind Wesenheiten.

Beispiele: Der Mond, ein Meer, ein Messer, ein Morgennebel, eine Milbe, eine Mohnblume, ein Muskel, eine Meise, ein Münzautomat, ein Männerchor, ein Mensch.

Es ist faszinierend, die Gemeinsamkeiten aller Wesenheiten aufzuzeigen. Alle Wesenheiten sind Träger von Masse, aufzufassen sowohl als Energie als auch als Ladung.

Jede Wesenheit ist bestimmt durch ihr Sein und durch das Geschehen, an welchem sie beteiligt ist.

Jede Wesenheit ist aus ihren Teilwesenheiten oder direkt aus ihren Elementarteilchen aufgebaut.

Jede Wesenheit hat ihre Umwelt.

Eine weitere Gemeinsamkeit aller Wesenheiten ist, daß sie sich voneinander unterscheiden, daß jede Wesenheit ihre Wesensart und ihre Eigenschaften hat. Darum der Begriff Wesenheit.

Kosmos-Satz 2-1
Wesenheiten sind bestimmt:
- *durch ihr wesenseigenes Sein und*
- *durch das Geschehen, welches zu ihrer Erschaffung geführt hat, welches sich während ihrer Existenz abspielt und welches letztlich zu ihrem Ende führt.*

Kosmos-Satz 2-2
Für jede Wesenheit gilt:
- *sie ist aufgebaut aus ihren Teilwesenheiten oder direkt aus Protonen, Neutronen und Elektronen;*
- *ihre Umwelt besteht aus Feldern und anderen Wesenheiten.*

Die Physiker lehren uns: Die Protonen und Neutronen sind wohl unteilbar, aber sie sind strukturiert, aufgebaut aus noch kleineren Teilchen, den Quarks.

Kosmos-Satz 2-3
Die Teilwesenheiten sind selbst wieder Wesenheiten oder Anteile von Wesenheiten.

Beispiele:
Bei der Wesenheit Wassermolekül ist die Teilwesenheit Sauerstoffatomkern selbst wieder eine Wesenheit.
Bei der Wesenheit Bank ist die Teilwesenheit Bankangestellter Anteil der Wesenheit Bankangestellter.

Wesenheiten auf drei Ebenen

Wir haben gesehen, wie verschieden all das ist, was unter den Begriff Wesenheit fällt. Nun wollen wir die Wesenheiten klassieren. Ob eine Wesenheit die Fähigkeit hat, ein Ziel zu erreichen, oder ob sie diese Fähigkeit nicht hat, ist eines der beiden Kriterien für die Klassierung der Wesenheiten, das zweite Kriterium ist, ob sich eine Wesenheit ein Ziel setzen kann oder nicht.
Wir definieren:

Kosmos-Satz 2-4
Jede Wesenheit ist einer von drei Ebenen zugeteilt:
– *Wesenheiten der ersten Ebene sind Wesenheiten ohne die Fähigkeit, Ziele zu erreichen;*
– *Wesenheiten der zweiten Ebene sind Wesenheiten mit der Fähigkeit, Ziele zu erreichen;*
– *Wesenheiten der dritten Ebene sind Wesenheiten mit der Fähigkeit, Ziele zu setzen und zu erreichen.*

Versuchen wir, die Klassierung der Wesenheiten noch einfacher als im Kosmos-Satz 2-4 auszudrücken:
Den Wesenheiten der ersten Ebene *geschieht etwas.*
Ein passives Geschehen.
Beispiel: Die Wesenheit Meer wogt, bewegt durch den Wind.

Die Wesenheiten der zweiten Ebene *bewirken etwas.*
Ein aktives, selbstgeregeltes Geschehen.
Beispiel: Die Wesenheit Meise baut ein Nest.
Die Wesenheiten der dritten Ebene *wollen etwas bewirken.*
Ein aktives und willentliches Geschehen.
Beispiel: Die Wesenheit Mensch will ins Theater gehen und tut es.

Die Entstehung von Wesenheiten mit der Fähigkeit, Ziele zu erreichen, und von Wesenheiten mit der Fähigkeit, selber Ziele zu setzen, sind die wichtigsten Sachverhalte der Evolution auf unserem Planeten. Gibt es sie anderswo in- oder außerhalb unseres Sonnensystems, in- oder außerhalb unserer Galaxie ? Heute wissen wir es nicht; werden es dereinst unsere Nachkommen wissen?

Wesenheiten der ersten Ebene

Wesenheiten ohne die Fähigkeit, Ziele zu erreichen, sind alle Dinge, Flüssigkeiten und Gase, soweit sie nicht einer höheren Ebene angehören.

Beispiele:
Mond
Meer
Messer

Wesenheiten der zweiten Ebene

Wesenheiten mit der Fähigkeit, Ziele zu erreichen bzw. selbstgeregelt zielgerichtet zu funktionieren, sind Lebewesen, Teilwesenheiten von Lebewesen, Gemeinschaften von Tieren und Menschen, Automaten und Computer.

Beispiele:
Milbe, Mohnblume,
Muskel, Meise,
Münzautomat, Männerchor

Wesenheiten der dritten Ebene

Wesenheiten mit der Fähigkeit, Ziele zu setzen und zu erreichen bzw. Handlungen zu planen und auszuführen, sind wir Menschen.

Zur Zeit einziges Beispiel:
Mensch

3. Energie

Wir betrachten in den folgenden Kapiteln das Auftreten der Komponenten Energie, Energie-umwandeln, Ladung, Ordnung und Um-ordnen. Zunächst zu den Formen des Auftretens der Energie:

Die Formen des Auftretens der Energie

Alle uns bekannten Energien, wie z. B. elektrische Energie, kinetische Energie, potentielle Energie, Kernenergie, Bindungsenergie, Wärmeenergie, Sonnenenergie, die Kalorien in unserer Nahrung und die in Brennstoffen enthaltene Energie lassen sich auf drei Grundformen des Auftretens zurückführen:

Kosmos-Satz 3-1
Energie tritt auf:
– als Masse,
– als Bewegung von Wesenheiten und Elementarteilchen und
– als Feldenergie.

Energie tritt auf als Masse der Wesenheiten

Nach Albert Einsteins berühmter Formel $E = m \cdot c^2$ ist Masse eine Auftretensform der Energie.

Alle Wesenheiten besitzen Masse, enthalten damit einen Energieanteil, der als Masse auftritt.

Energie tritt auf als Bewegung der Wesenheiten

Es gibt keinen ruhenden Punkt im Kosmos. Alles ist in Bewegung, es ist auch dort Bewegung, wo unsere Sinne sie, ohne Instrumente, nicht feststellen kann.

Sind Wesenheiten in Bewegung, dann besitzen sie kinetische Energie gemäß der Formel $E = m \cdot v^2 / 2$.

Energie tritt auf als Bewegung einer Wesenheit in bezug auf ihre Umwelt

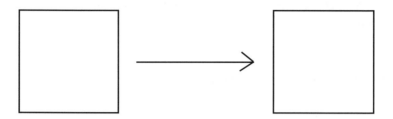

Beispiele:

Der Mond bewegt sich auf seiner Bahn um die Erde.

Der Mond ist die Wesenheit, die Erde ist die Umwelt.

Das Siliciumatom bewegt sich im Kristallgitter.

Das Siliciumatom ist die Wesenheit, das Kristallgitter ist die Umwelt.

Energie tritt auf als Bewegung von Teilwesenheiten und Elementarteilchen in bezug auf ihre Wesenheiten

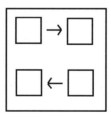

Beispiele:

Die Wassermoleküle bewegen sich im heißen Kochtopf. Die Wassermoleküle sind Teilwesenheiten der Wesenheit Kochtopf mit Wasser.

Die Elektronen bewegen sich in der elektrischen Leitung. Die Elektronen sind Teilwesenheiten der Wesenheit elektrische Leitung.

Energie tritt auf als Feldenergie

Energie tritt im weiteren in Feldern auf. So steckt z. B. Feldenergie in den Gravitationsfeldern zwischen den Wesenheiten und in den elektrischen Feldern zwischen elektrisch geladenen Wesenheiten.

Kosmos-Satz 3-2
In den Feldern steckt Feldenergie.

Strahlungsenergie

Elektromagnetische Strahlung besitzt Strahlungsenergie. Auch Strahlungsenergie ist Feldenergie. Elektromagnetische Strahlung transportiert Energie mit Lichtgeschwindigkeit durch den Raum, dabei werden die Lichtquanten als Energieteilchen – Photonen genannt – aufgefaßt.

Energie bei Lebewesen

Alle Lebewesen – Milben, Mohnblumen, Meisen und Menschen – sind Wesenheiten. Daher kann Kosmos-Satz 3-3 aus Kosmos-Satz 3-1 abgeleitet werden.

Kosmos-Satz 3-3
Bei allen Lebewesen tritt Energie auf:
– als Masse der Lebewesen,
– als Bewegung der Lebewesen, ihrer Teilwesenheiten und Elementarteilchen und
– als Feldenergie zwischen den Lebewesen und ihren Umwelten und als Feldenergie zwischen ihren Teilwesenheiten und Elementarteilchen.

4. Energie-umwandeln

Kosmos-Satz 1-4 sagt aus: „Die Komponenten des Geschehens sind Energie-um-wandeln und Um-ordnen."

Demnach wird bei ausnahmslos allen Ereignissen Energie umgewandelt; sei es, wenn ein Stein zu Boden fällt, ein Holzscheit brennt, eine Lerche singt, ein TV-Sender elektromagnetische Wellen ausstrahlt oder wenn ein Mensch denkt. Es kann ermittelt werden, wieviel Energie bei jedem Ereignis umgewandelt wird; gemessen z. B. in Joule, kWh, cal oder eV.

Formen des Energie-umwandelns

Gemäß Kosmos-Satz 3-1 tritt Energie als Masse, als Bewegung von Wesenheiten und Elementarteilchen und als Feldenergie auf.

Beim Energie-umwandeln ändert sich die Energie innerhalb ihrer Auftretens-formen, oder sie wandelt sich von einer Auftretensform in eine andere.

Kosmos-Satz 4-1
Energie-umwandeln tritt auf:
- *als Ändern der Masse von Wesenheiten,*
- *als Ändern der Bewegung von Wesenheiten, Teilwesenheiten und Elementarteilchen,*
- *als Ändern der Feldenergie und*
- *als Umwandeln von einer Form des Auftretens der Energie in eine andere.*

Wie uns der erste Hauptsatz der Thermodynamik lehrt, wird beim Energie-um-wandeln insgesamt keine Energie gewonnen oder vernichtet.

Das Ändern der Bewegung von Wesenheiten tritt auf als Beschleunigen und Verzögern oder als Übergehen von Ruhe in Bewegung und umgekehrt.

Umwandeln von Strahlungsenergie in ein Beschleunigen der Bewegung von Teilwesenheiten bedeutet Absorption von Strahlung. Die Wesenheit wird erwärmt.

Verzögern der Bewegung von Teilwesenheiten und Umwandeln in Strahlungs-energie bedeutet Emission von Strahlung. Die Wesenheit kühlt ab, und ihre Um-welt erwärmt sich.

Energie-umwandeln bei Lebensvorgängen

Von den Biologen erfahren wir, daß sich der energetische Ablauf der Lebensvorgänge wie folgt zusammenfassen läßt:

Zunächst gewinnen die Lebewesen Energie aus ihrer Umwelt; autotrophe Lebewesen – alle grünen Pflanzen – durch Photosynthese aus dem Licht der Sonne, heterotrophe Lebewesen aus der Nahrung der Umwelt.

Der zweite Schritt, über viele Zwischenschritte, ist die Nutzung der gewonnenen Energie zum Aufladen der ungeladenen „Akkumulatoren" ADP (Adenosindiphosphat) in geladene „Akkumulatoren" ATP (Adenosintriphosphat). Dies geschieht durch Atmung in den Mitochondrien jeder Zelle.

Die potentielle Energie der ATP-Moleküle wird für alle anderen Lebensvorgänge genutzt – von der Kontraktion eines Muskels über interne Transporte und Biosynthesen bis hin zum Energieverbrauch beim Denken des Menschen.

Als Nebenprodukt entsteht Wärme, die an die Umwelt abgegeben wird.

Täglich wird auf unserer Erde Sonnenenergie – über viele Zwischenschritte – zur Aufladung von unzähligen, Billionen mal Billionen ATP-„Lebensbatterien" genutzt – auch der unsrigen.

Kosmos-Satz 4-2
Bei allen Lebensvorgängen tritt Energie-umwandeln auf:
– als Gewinnen von Energie aus der Umwelt,
– als Ändern der Masse der Lebewesen,
– als Ändern der Bewegung der Lebewesen und ihrer Teilwesenheiten und Elementarteilchen,
– als Ändern der Feldenergie zwischen den Lebewesen und ihren Umwelten und zwischen ihren Teilwesenheiten und Elementarteilchen,
– als Umwandeln von einer Form des Auftretens der Energie in eine andere und
– als Abgeben von Energie an die Umwelt in Form von Wärme.

Energie-umwandeln bei der Gehirntätigkeit von Tier und Mensch

Bei der Gehirntätigkeit wird sehr viel Energie umgewandelt bzw. verbraucht. Neurophysiologen schätzen, daß das Energie-umwandeln bei der menschlichen

Gehirntätigkeit ungefähr 25 Prozent des gesamten Energieverbrauchs bei den Lebensvorgängen ausmacht.

Milliarden von Neuronen, jedes Neuron mit Tausenden von Synapsen mit anderen Neuronen verbunden und jedes Neuron mit der Fähigkeit ausgerüstet, Energie aus seiner Umwelt zu beziehen und für die eigenen Aktivitäten zu nutzen, läßt die Hypothese zu, daß es bei der Gehirntätigkeit in jedem, selbst sehr kurzen, Zeitabschnitt nicht nur eine, sondern sehr viele (vielleicht Milliarden) von Möglichkeiten des Energie-umwandelns gibt.

Die Gehirntätigkeit ist nicht algorithmisch – das Gehirn ist kein Computer und auch keine Serie von zusammengeschalteten Computern. Das Gehirn produziert aus sich heraus laufend und ununterbrochen Energie-umwandlungen.

Kosmos-Satz 4-3
Die Serien und Sequenzen des Energie-umwandelns bei der Gehirntätigkeit sind nicht im voraus berechenbar, sie lassen, innerhalb eines bestimmten Rahmens, mehrere Möglichkeiten zu – sie sind vielgleisig determiniert.

Energie-umwandeln beim Denken des Menschen

Denken ist eine Gehirntätigkeit und somit ein Lebensvorgang. Die Kosmos-Sätze 4-2 und 4-3 sind auch für das Denken gültig. Was aber hebt das Denken des Menschen von der Gehirntätigkeit der Tiere in bezug auf das Energie-umwandeln ab?

Die Tatsache, daß es teilweise neuartiges, vorher nie dagewesenes, originales Energie-umwandeln ist.

Kosmos-Satz 4-4
Die Serien und Sequenzen des Energie-umwandelns beim menschlichen Denken sind teilweise neuartig – vorher nie dagewesen – original.

5. Ladung

Ladungen und Kräfte

Zwischen Ladungen und Kräften besteht eine enge Beziehung. Ladungen erkennen wir als solche, weil zwischen ihnen Kräfte wirken – Kräfte wirken ausschließlich zwischen Ladungen.

Ladungen sind Elementarteilchen zugeordnet. Zwischen gleichartig geladenen Elementarteilchen und den aus ihnen aufgebauten Wesenheiten wirken Kräfte.

Kosmos-Satz 5-1
Zwischen gleichartig geladenen Elementarteilchen und Wesenheiten wirken anziehende oder abstoßende Kräfte.

Aus der Teilchenphysik erfahren wir, daß es vier verschiedenenartige Ladungen gibt, zwischen denen vier verschiedene Kräfte wirken:
– „Farben", sie erzeugen die starke Kraft oder Kernkraft,
– elektrische Ladungen, sie erzeugen die elektromagnetischen Kräfte,
– „Flavor" oder schwache Ladungen, sie erzeugen die schwachen Kräfte und
– Massen, sie erzeugen die Schwerkräfte.

Im Alltag begegnen wir den elektromagnetischen Kräften und der Schwerkraft, im weiteren nehmen wir zur Kenntnis, daß in unseren Kernkraftwerken Kernkräfte wirken.

Ladungen wandeln sich nicht um

Energie kann sich umwandeln und kann seinen Träger wechseln. Z. B. geht ein großer Teil der Bewegungsenergie einer Billardkugel beim Stoß auf die nächste über, und der Rest der Energie wandelt sich in Wärme um.

Anders bei Ladungen: Ladung wandelt sich nicht um, und Ladung bleibt an seinen Träger gebunden. Ladung bleibt an ein Elementarteilchen gebunden während der ganzen Existenzdauer dieses Teilchens; z. B. sitzt elektrische Ladung und/oder Masse unverändert in einem Proton, Neutron oder Elektron.

Protonen sind wohl unteilbar, aber sie sind aufgebaut aus Quarks, den primären Trägern der Ladungen.

6. Ordnung

Ordnung auf drei Ebenen

Bereits in der Einleitung wurde Ordnung als eine der Komponenten des Kosmos identifiziert. Im weiteren wurde festgestellt, daß Ordnung auf drei einander überlagerten Ebenen auftreten kann. Der Ordnung auf der physikalischen Ebene kann Ordnung auf der biologischen und regeltechnischen Ebene überlagert sein, und beiden Ordnungen kann auch noch Ordnung auf der mentalen Ebene überlagert sein.

Kosmos-Satz 6-1
Ordnung tritt auf drei Ebenen auf:
– auf der physikalischen Ebene,
– auf der biologischen und regeltechnischen Ebene und
– auf der mentalen Ebene.

Kosmos-Satz 6-2
Ordnungen auf den höheren Ebenen sind den Ordnungen auf den niedrigeren Ebenen überlagert.

Die Formen des Auftretens der Ordnung auf der ersten, physikalischen Ebene sind im Kosmos-Satz 6.1-1 dargelegt.

Stichworte: Ort, Impuls.

Die Formen des Auftretens der Ordnung auf der zweiten, biologischen und regeltechnischen Ebene sind im Kosmos-Satz 6.2-1 dargelegt.

Stichwort: Fähigkeit, Ziele zu erreichen bzw. selbstgeregelt zielgerichtet zu funktionieren.

Die Formen des Auftretens der Ordnung auf der dritten, mentalen Ebene sind im Kosmos-Satz 6.3-1 dargelegt.

Stichworte: Fähigkeit, Ziele selbst zu setzen bzw. Handlung zu planen und auszuführen; Bewußtsein.

Wenn wir die Stichworte betrachten, fällt auf, wie verschiedenartig Ordnung auftreten kann. Im Kapitel über die Sachverhalte der Evolution wird darzulegen sein, wie völlig neue Auftretensformen der Ordnung den bereits bestehenden überlagert werden konnten.

ORDNUNG

auf der ersten Ebene

Ordnung auf der physikalischen Ebene

ORDNUNG

auf der zweiten Ebene

auf der ersten Ebene

Ordnung auf der biologischen und regeltechnischen Ebene

der Ordnung auf der physikalischen Ebene überlagert

ORDNUNG

auf der dritten Ebene

auf der zweiten Ebene

auf der ersten Ebene

Ordnung auf der mentalen Ebene

der Ordnung auf der biologischen und physikalischen Ebene überlagert

Ordnung tritt auf drei Ebenen auf

6.1 Ordnung auf der ersten Ebene

Anordnung im Raum und in der Zeit

Ordnung auf der ersten Ebene tritt primär als Anordnung im Raum und in der Zeit auf. Diese Ordnung ist sowohl im Makrokosmos als auch im Mikrokosmos zu finden: bei Galaxien in Galaxienhaufen ebenso wie bei Protonen und Neutronen in Atomkernen. Der Kosmos ist strukturiert und geordnet vom kleinsten bis zum größten. Wir halten fest:

Kosmos-Satz 6.1-1
Ordnung auf der ersten Ebene tritt primär auf:
– als Zuordnung von Energie und Ladung an Elementarteilchen,
– als Ort und Impuls der Elementarteilchen und Wesenheiten und
– als Größe und Anordnung der Kräfte in den Feldern.

Zuordnung von Energie und Ladung an Elementarteilchen

Energie und Ladung sind nicht gleichmäßig im Raum verteilt, sondern sie sind Elementarteilchen zugeordnet. Diese Zuordnung ist eine der Erscheinungsformen der Ordnung auf der ersten Ebene.

Anordnung der Wesenheiten im Raum und in der Zeit

Ort und Impuls einer Wesenheit geben Auskunft darüber, wo sich die Wesenheit im Raum befindet und in welcher Richtung und mit welcher Geschwindigkeit sie sich mit ihrer Masse bewegt.

$$\text{Impuls } \vec{p} = m \cdot \vec{v} \qquad \text{m ist die Masse der Wesenheit}$$

Die Geschwindigkeit $\vec{v}$ ist hier eine Vektorgröße, d. h. sie zeigt neben der Geschwindigkeit auch die Richtung an, in welcher sich die Wesenheit bewegt.

Zur Erinnerung: Die Energie der Wesenheit tritt unter anderem als kinetische Energie auf.

$$\text{Kinetische Energie } E = m \cdot v^2 / 2 \qquad \text{m ist die Masse der Wesenheit}$$

Bei der Berechnung der kinetischen Energie einer Wesenheit ist nur ihre Geschwindigkeit v und ihre Masse bestimmend, ihr Standort und ihre Bewegungsrichtung hingegen sind irrelevant.

Die Bewegung kleinster Teile

Wenn wir die Bewegung von Elementarteilchen und kleinster Wesenheiten betrachten – Elektronen, Atome, Moleküle -, dann müssen wir zu verstehen suchen, was uns die Quantenphysik lehrt. Ihr zufolge sind die Ordnungen dieser Teile Quantenzustände. Quantenzustände sind koexistierende Alternativen der Ordnung eines oder mehrerer dieser kleinsten Teile.

Größe und Anordnung der Kräfte in den Feldern

Die Größe und Anordnung der Kräfte in den Feldern ist bestimmt durch die Ladungen der Wesenheiten, zwischen welchen die Kräfte wirken.

Weitere Formen des Auftretens von Ordnung

Die physikalischen (und chemischen) Eigenschaften und die Entropie der Wesenheiten sind weitere Formen des Auftretens von Ordnung auf der ersten Ebene. Sie ergeben sich aus den Standorten und Impulsen dieser Wesenheiten und ihrer Teilwesenheiten und Elementarteilchen.

Physikalische Eigenschaften einer Wesenheit

Physikalische Eigenschaften einer Wesenheit sind z.B ihr Schmelzpunkt, ihr Siedepunkt, ihre Dichte, ihre Farbe, ihre Härte, ihre elektrische und thermische Leitfähigkeit und ihre Brennbarkeit.

Die Entropie einer Wesenheit

Die Entropie ist ein Begriff aus der Thermodynamik. Die Entropie einer Wesenheit ist derjenige Teil ihrer Wärmeenergie, der sich wegen der gleichmäßigen Verteilung seiner Moleküle nicht in mechanische Arbeit umsetzen läßt, bezogen auf eine bestimmte Temperatur. Die Entropie ist ein Maß der Unordnung einer Wesenheit.

Ordnung auf der ersten Ebene bei Lebewesen

Kosmos-Satz 6.1-2
Bei allen Lebewesen tritt Ordnung auf der ersten Ebene auf:
- *als Orte und Impulse der Lebewesen und ihren Teilwesenheiten und Elementarteilchen,*
- *als Anordnung und Größe der Kräfte in den Feldern zwischen den Lebewesen und ihren Umwelten und zwischen ihren Teilwesenheiten und Elementarteilchen und*
- *als Anfang, Lebensdauer und Ende der Lebewesen.*

6.2 Ordnung auf der zweiten Ebene

Ordnung auf der zweiten Ebene ist etwas völlig anderes als Ordnung auf der ersten Ebene. Ordnung auf der zweiten Ebene ist jedoch nicht unabhängig von jener auf der ersten Ebene, im Gegenteil, die Ordnung auf der zweiten Ebene ist in jedem Falle der Ordnung auf der ersten Ebene überlagert.

Ordnung auf der zweiten Ebene muß in der vorbiologischen Evolutionsperiode auf unserem Planeten entstanden sein; eine der großartigen Sachverhalte der Evolution.

Mutation und kumulative Selektion haben zum Auftreten von Wesenheiten geführt, die mit der Fähigkeit ausgerüstet waren, ein Ziel zu erreichen. Wir werden im Kapitel „Sachverhalte der Evolution" näher auf diese Entwicklungsperiode vor ungefähr 4000 Millionen Jahren (!) eingehen. Wir werden sie Periode 6 nennen.

Die Fähigkeit, ein Ziel zu erreichen, bzw. die Fähigkeit, selbstgeregelt zielgerichtet zu funktionieren, ist evolutionsgeschichtlich gesehen die allererste Form des Auftretens der Ordnung auf der zweiten Ebene. Alle anderen biologischen Formen der Ordnung auf der zweiten Ebene sind letztlich aus dieser Fähigkeit hervorgegangen.

Die Existenz der Ordnung auf der zweiten Ebene konnte noch nirgends außerhalb der Erde nachgewiesen werden, was jedoch nicht heißt, daß es sie nicht gibt.

Die Formen des Auftretens von Ordnung auf der zweiten Ebene

Kosmos-Satz 6.2-1
Ordnung auf der zweiten Ebene tritt primär auf:
- *als Fähigkeit, Ziele zu erreichen,*
- *als Fähigkeit zu empfinden und*
- *als Gefühle.*

Die Fähigkeit, Ziele zu erreichen bzw. selbstgeregelt zielgerichtet zu funktionieren, tritt definitionsgemäß bei allen Wesenheiten der zweiten Ebene auf: Bei allen Lebewesen, bei Teilwesenheiten von Lebewesen, bei Gemeinschaften von Tieren und Menschen und bei Automaten.

Gefühle und die Fähigkeit zu empfinden treten hingegen nur bei Tieren mit Gehirnen und beim Menschen auf.

Ziele

Was ist ein Ziel?

Kosmos-Satz 6.2-2
Ein Ziel ist ein bestimmtes zukünftiges Sein oder Geschehen, welches eine Wesenheit durch selbstgeregeltes Wirken mit der Umwelt – unter günstigen Bedingungen – erreichen kann.

Wesenheiten der zweiten Ebene haben die Fähigkeit, „etwas" zu erreichen. Dieses „Etwas" nennen wir ein Ziel. Ein Ziel ist das, was in Zukunft sein oder geschehen soll. Es wird erreicht durch ein aktives, von einer Wesenheit initiiertes Wirken mit der Umwelt.

Der Rosensamen hat die Fähigkeit – unter günstigen Umweltbedingungen –, eine Rose zu werden. Diese Fähigkeit ist durch Mutation und kumulative Selektion entstanden.

Eine Rose zu werden, bezeichnen wir als Ziel.

Die automatische Türe hat die Fähigkeit, sich zu öffnen, wenn jemand sie passieren will. Der Konstrukteur hat der Türe diese Fähigkeit verliehen.

Das Öffnen der Türe, wenn jemand durchgehen will, bezeichnen wir als Ziel.

Teilziele

Kosmos-Satz 6.2-3
Ziele können Teilziele eines übergeordneten Ziels sein.

Das Ziel zu fressen ist Teilziel des Überlebensziels.
Das Ziel zu schlucken ist Teilziel des Teilziels zu fressen.
Das Ziel einer involvierten Muskelfaser, sich zu kontrahieren,
ist Teilziel des Teilziels zu schlucken.

Die zwei Arten von Zielen

Kosmos-Satz 6.2-4
Auf unserem Planeten gibt es zwei Arten Ziele:
– Überlebensziele mit all ihren Teilzielen und
– von Menschen gesetzte Ziele, wobei diese nicht ausschließlich Teilziele des
Überlebensziels sind.

Die Überlebensziele wurden von keinem Lebewesen und keiner Autorität gesetzt. Die Fähigkeit, das Überlebensziel zu erreichen, hat sich während der Evolution durch Mutation und kumulative Selektion ergeben. Damit haben sich implizit auch die Ziele selbst ergeben.
(Siehe Kapitel 8)

Die Fähigkeit, ein Ziel zu erreichen

Kosmos-Satz 6.2-5
Die Fähigkeit einer Wesenheit, ein Ziel zu erreichen, unterteilt sich in die Fähigkeiten:
– die Umwelt zu erfassen soweit dies für die Zielerreichung von Bedeutung ist und
– durch selbstgeregeltes Wirken mit der Umwelt, Ordnung zu schaffen, zu erhalten, zu vernichten und zu übermitteln.

Diese Unterteilung gilt für eine Milbe ebenso wie für einen Münzautomaten, eine Mohnblume, einen Muskel, eine Meise oder einen Menschen.

Gefühle und die Fähigkeit zu empfinden

Es wird angenommen, daß Tiere mit Gehirnen mehr oder weniger ausgeprägte Fähigkeiten haben zu empfinden. Es ist gut vorstellbar, daß Schimpansen sehr ähnliche Gefühle haben wie wir Menschen, z. B. Hunger, Durst, Lust auf Sex, Angst, Schmerz, Freude, Trauer, Wut und selbst Sympathie. Wie steht es bei Insekten, haben auch sie rudimentäre Fähigkeiten zu empfinden?

Weitere Formen des Auftretens von Ordnung

Im folgenden werden einige Begriffe aufgelistet, die Formen des Auftretens der Ordnung auf der zweiten Ebene sind. Sie stehen alle im Zusammenhang mit der Fähigkeit, Ziele zu erreichen, und mit Gefühlen und der Fähigkeit, sie zu empfinden.

Beispiele:

Information, Bedeutung haben, Triebe, Instinkte, reizbar sein, Reize, Erbsubstanz, Hunger, Durst, Lust, Angst, Schmerz, Freude, Trauer, Wut, Eifersucht, Zuneigung, Rangordnung, Allianz, Macht und Gewalt.

Ein Blick auf die wenigen Beispiele zeigt, wie verschieden die Formen des Auftretens der Ordnung auf der zweiten Ebene von denjenigen auf der ersten Ebene sind; dort haben wir als Beispiele Siedepunkte, Farben und elektrische Leitfähigkeit genannt.

Ordnung auf der zweiten Ebene bei Automaten

Bei Automaten tritt Ordnung auf der zweiten Ebene als Fähigkeit, Ziele zu erreichen, auf.

Als Beispiel betrachten wir einen sehr einfachen Automaten – die automatische Türe.

Beispiel: Ordnung auf der zweiten Ebene bei der automatischen Türe.

Bei der automatischen Türe tritt Ordnung auf der zweiten Ebene auf, als Fähigkeit, die Türe dann – und nur dann – zu öffnen, wenn jemand sie passieren will.

Der Besteller hat das Ziel gesetzt, und der Konstrukteur hat der automatischen Türe die Fähigkeit verliehen, das Ziel zu erreichen.

Ordnung auf der zweiten Ebene bei Teilwesenheiten von Lebewesen

Auch bei Teilwesenheiten von Lebewesen tritt Ordnung auf der zweiten Ebene als Fähigkeit, Ziele zu erreichen, auf; nicht anders, als wir es eben bei Automaten festgestellt haben.
(Vergl. Kosmos-Satz 6.2-1)

Die Teilwesenheiten von mehrzelligen Lebewesen können Pflanzenteile, Organe, Zellverbände, Zellen, Organellen und Molekularverbände sein.

Beispiele von Teilwesenheiten von Lebewesen und deren Fähigkeiten, Ziele zu erreichen:

Teilwesenheit eines Lebewesens	Die Fähigkeit der Teilwesenheit, Ziele zu erreichen bzw. selbstgeregelt zu funktionieren
DNA-Doppelstrang	sich zu verdoppeln
Ribosom und Boten-RNA	Proteine zu produzieren
Chloroplasten	Photosynthese durchzuführen
Mitochondrien	zu atmen – Energie zu gewinnen
Gleitfilament	sich auf Befehl zu verkürzen
Zellen allgemein	sich zu teilen
Drüsenzellen	z. B. Hormone zu produzieren
Sinneszellen	Umweltreize aufzunehmen
Herz	Blut zu pumpen
Verdauungstrakt	zu verdauen

Ordnung auf der zweiten Ebene bei Lebewesen

Die Fähigkeit der Lebewesen zu überleben

Bei Lebewesen tritt Ordnung auf der zweiten Ebene als Fähigkeit zu überleben auf. Es ist einerseits die Fähigkeit der einzelnen Lebewesen zu leben und andererseits ihre Fähigkeit, an der Reproduktion ihrer Art beteiligt zu sein.

Ob Milbe, Mohn, Meise oder Mensch, alle haben die Fähigkeit zu überleben. Wie diese Fähigkeit ausgestaltet ist, ist jedoch von Art zu Art sehr unterschiedlich. Einzellige Lebewesen haben weniger komplexe Fähigkeiten als Vielzeller, und doch können sie sich neben den vielzelligen Lebewesen behaupten. Man schätzt, daß die Biomasse der Einzeller mehr als die Hälfte der Erdbiomasse ausmacht; ein eindrücklicher Beweis dafür, daß die Einzeller die Fähigkeit haben zu überleben.

In Anlehnung an Kosmos-Satz 6.2-5 lassen sich die Fähigkeiten eines Lebewesens wie folgt unterteilen:

Kosmos-Satz 6.2-6
Die Fähigkeit eines Lebewesens zu überleben unterteilt sich in die Fähigkeiten:
– die Umwelt zu erfassen, soweit dies für das Überleben von Bedeutung ist, und
– durch selbstgeregeltes Wirken mit der Umwelt Ordnung zu schaffen, zu erhalten, zu vernichten und zu übermitteln.

Die Fähigkeit, Ordnung zu schaffen, zu erhalten, zu vernichten und zu übermitteln, unterteilt sich weiter:

in die Fähigkeit, Wesenheiten der Umwelt zum eigenen Wachstum und zur eigenen Erneuerung zu verwenden und Wesenheiten abzusondern (Stoffwechsel),

in die Fähigkeit der Zellen, sich zu teilen, wobei die Zellen Lebewesen oder Teilwesenheiten von Lebewesen sein können,

in die Fähigkeit, die eigene Entropie niedrig zu halten, mittels Gewinnung von Energie aus der Umwelt,

in die Fähigkeit, zielgerichtet zu regulieren,

in die Fähigkeit, sofort zielgerichtet auf Erfaßtes zu reagieren, d. h. reizbar zu sein (gilt für alle Lebewesen, auch für Bakterien und Pflanzen),

in die Fähigkeit, sich zielgerichtet zu verhalten (nur bei Tieren mit Gehirnen und Menschen),

in die Fähigkeit, Information innerhalb des Lebewesens und an andere Lebewesen zu übermitteln, und

in die Fähigkeit, die eigene Überlebensfähigkeit auf Lebewesen der nächsten Generation zu übermitteln.

Die Fähigkeit, sich zielgerichtet zu verhalten

Kosmos-Satz 6.2-7
Tiere und Menschen haben die Fähigkeit, sich zielgerichtet zu verhalten.

Die Fähigkeit des zielgerichteten Verhaltens ist Teil der Fähigkeit zu überleben. Die Fähigkeit zu fressen und die Fähigkeit zu kopulieren sind Beispiele für die Fähigkeit, sich zielgerichtet zu verhalten.

Sich zielgerichtet verhalten heißt sich derart verhalten, daß ein Verhaltensziel erreicht wird.

Triebe und Instinkte

Triebe und Instinkte sind Fähigkeiten.

Triebe treiben die Tiere und Menschen dazu, Verhaltensziele zu erreichen. Ohne Triebe würden Tiere nichts unternehmen.

Kosmos-Satz 6.2-8
Ein Trieb treibt ein Tier oder einen Menschen dazu, ein Verhaltensziel zu erreichen.

Kosmos-Satz 6.2-9
Ein Instinkt ist die inhärente Fähigkeit eines Tieres oder eines Menschen, sich zielgerichtet zu verhalten.

Zum Instinkt gehören:
– die Fähigkeit, ein breites Spektrum von Verhaltenszielen erreichen zu können,
– angeborene Bewertungskriterien für die Wahl einer Zielalternative und
– die Fähigkeit, Zielalternativen zu bewerten.

Die Erbsubstanz

Die Erbsubstanz ist eine Ordnung auf der zweiten Ebene, die der Abfolge von vier Basenpaaren in der DNA überlagert ist.

Jede Art und jedes einzelne Lebewesen hat seine individuellen Fähigkeiten, die Teilziele des Überlebensziels zu erreichen – und eben diese individuellen Fähigkeiten sind in der DNA codiert. Die Information über die Fähigkeit, zu wachsen und eine ganz bestimmte individuelle Körperform zu erreichen, ist ebenso in den Genen enthalten wie die Fähigkeit, auf Reize zu reagieren. Bei den Tieren mit Gehirnen und beim Menschen ist in der DNA überdies die Information über die Fähigkeit, sich zielgerichtet zu verhalten, gespeichert.

6.3 Ordnung auf der dritten Ebene

Ordnung auf der dritten Ebene ist mit der Evolution des Menschen mit seinem Gehirn entstanden.

Ordnung und Um-orden auf der dritten Ebene ist das, was uns zu Menschen macht. Dies schließt nicht aus, daß auch bei höheren Tieren Ordnung auf der dritten Ebene in sehr bescheidenen Ansätzen auftritt. Ob es Ordnung auf der dritten Ebene außerhalb unseres Planeten gibt, ist eine ebenso ungelöste Frage wie diejenige nach der Existenz von Ordnung auf der zweiten Ebene irgendwo im Kosmos.

Die Formen der Ordnung auf der dritten Ebene

Kosmos-Satz 6.3-1
Ordnung auf der dritten Ebene tritt primär auf:
- *als Fähigkeit, Ziele zu setzen und zu erreichen, und allgemein*
- *als Fähigkeit zu denken,*
- *als Fähigkeit, vertieft zu empfinden,*
- *als Bewußtsein, Geist und Seele und*
- *als selbst gesetzte Ziele, Gedanken und vertiefte Gefühle.*

Von Menschen gesetzte Ziele

Kosmos-Satz 6.3-2
Von einem Menschen gesetzte Ziele können erreicht werden:
- *von ihm selbst,*
- *von anderen Menschen,*
- *von Institutionen,*
- *von Pflanzen und Tieren und*
- *von Automaten.*

Ziele, die ein Mensch für sich selbst setzt

Die Ziele, die sich der Mensch setzt, bzw. die Handlungen, die er plant, reichen vom simplen Vorhaben, am Abend ins Kino zu gehen, bis hin zu den schwerwiegenden Zielen, einen Heiratsantrag zu stellen oder eine Firma zu gründen.

Die selbst gesetzten Ziele sind oft aus unseren angeborenen Fähigkeiten, uns zielgerichtet zu verhalten, entstanden. Fähigkeiten, die wir mit Tieren mit Gehirnen – insbesondere mit Menschenaffen – gemeinsam haben.

Wir setzen uns das Ziel, unser Essen fein zuzubereiten und mit Messer und Gabel zu essen. Dieses Ziel beruht auf unserer angeborenen Fähigkeit zu fressen.

Wir Menschen setzen uns gesellschaftliche Ziele: Allianzen einzugehen, zu imponieren, unseren sozialen Rang zu behaupten oder zu verbessern, unsere Rechte zu wahren, uns altruistisch zu verhalten, einen Ehepartner zu finden. Die Basis für das Setzen dieser Ziele sind unsere angeborenen Fähigkeiten, uns zielgerichtet zu verhalten. Das Setzen der Ziele ist intellektuelle Arbeit und wird durch unsere Gefühle beeinflußt.

In Kosmos-Satz 6.2-4 haben wir festgehalten, daß die von Menschen gesetzten Ziele nicht ausschließlich Teilziele des Überlebensziels sind.

Vom Überlebensziel weitgehend unabhängig sind Ziele wie über die großen Zusammenhänge und über Transzendentes nachzudenken, Gedanken und Gefühle zu beschreiben, im Garten Blumen zu pflanzen, sich zu vergnügen oder sich mit Kunst zu beschäftigen.

Von Menschen gesetzte Ziele, die von anderen Menschen erreicht werden

Die Eltern und die Lehrer setzen den Kindern Ziele, der Chef setzt dem Untergebenen Ziele etc.

Von Menschen gesetzte Ziele, die von Institutionen erreicht werden

Die Institutionen sind die Ehegemeinschaft, die Familie, die Gemeinde, der Staat, die UNO und EU, die Kirchgemeinde, die Industriegesellschaft, die Polizei, der Rotary-Club, das Orchester, der Männerchor, die Gewerkschaft, der Verband, die Schule, die Universität, die Armee etc.

All diese Institutionen haben Ziele, und diese Ziele werden von einem oder mehreren Menschen gesetzt.

Die Ziele und ihre Teilziele sind in Verfassungen, Statuten, Gesetzen, Verträgen, Reglementen, Erklärungen etc. schriftlich verankert oder mündlich vereinbart.

So hat beispielsweise die eheliche Gemeinschaft zum Ziel, „das Wohl der Gemeinschaft in einträchtigem Zusammenwirken zu wahren und für die Kinder gemeinsam zu sorgen" (im Schweizerischen Zivilgesetzbuch in Artikel 159 als Pflicht beider Ehegatten formuliert).

Weiteres Beispiel: Laut Artikel 2 der Bundesverfassung der Schweizerischen Eidgenossenschaft hat der Bund unter anderem zum Ziel, die gemeinsame Wohlfahrt, die nachhaltige Entwicklung, den inneren Zusammenhalt und die kulturelle Entwicklung zu fördern.

Ziel der UNO-Mitgliedstaaten ist (oder sollte sein), jedem Menschen Recht und Freiheit zu gewähren. Artikel 2 der UNO-Menschenrechtserklärung von 1948 beginnt denn auch mit dem Satz: „Jeder Mensch hat Anspruch auf die in dieser Erklärung verkündeten Rechte und Freiheiten ohne irgendeine Unterscheidung, wie etwa nach Rasse, Farbe, Geschlecht, Sprache, Religion, politischer und sonstiger Überzeugung, nationaler oder sozialer Herkunft, nach Eigentum, Geburt oder sonstigen Umständen."

Von Menschen gesetzte Ziele, die von Pflanzen und Tieren erreicht werden

Durch Dressur modifiziert der Mensch Fähigkeiten der Tiere dahingehend, daß sie die von ihm gesetzen Ziele erreichen. Das Pferd wird befähigt, den Wagen zu ziehen, und der Hund, neben dem Meister zu sitzen.

Neuerdings ist der Mensch in der Lage, die DNA des befruchteten Samens von Pflanzen und Tieren durch Genmanipulation zu verändern. Die Information über die Fähigkeiten jedes Lebewesens ist in der DNA enthalten. Wird sie erfolgreich verändert, dann verändern sich die Fähigkeiten der Lebewesen derart, daß die von Menschen gesetzten Ziele ereicht werden.

Von Menschen gesetze Ziele, die von Automaten erreicht werden

Menschen haben das Ziel gesetzt, daß sich die automatische Türe öffnet, wann immer sie jemand passieren will.

Menschen haben das Ziel gesetzt, daß der Schachcomputer den Gegner schachmatt setzt.

Menschen haben das Ziel gesetzt, daß der automatische Pilot das Flugzeug von A nach B fliegt.

Die Fähigkeit des Menschen, ein Ziel zu setzen

Die Fähigkeit, Ziele zu setzen bzw. Handlungen zu planen, ist eine eminent wichtige Fähigkeit, eine Fähigkeit, die unser Menschsein prägt.

Kosmos-Satz 6.3-3
Die Fähigkeit des Menschen, ein Ziel zu setzen, unterteilt sich in die Fähigkeiten:
- **die Umwelt wahrzunehmen,**
- **sich zu erinnern,**
- **Zielalternativen zu kreieren,**
- **Bewertungskriterien aufzustellen,**
- **die Zielalternativen zu bewerten und eine der Zielalternativen zu wählen.**

In Kapitel 7.3 wird auf diese Unterteilung näher eingegangen.

Die Fähigkeit des Menschen, ein selbst gesetztes Ziel zu erreichen

Kosmos-Satz 6.3-4
Die Fähigkeit des Menschen, ein selbst gesetztes Ziel zu erreichen, unterteilt sich in die Fähigkeiten:
- **die Umwelt wahrzunehmen,**
- **sich unbewußt und bewußt zielgerichtet zu verhalten bzw. zu handeln und**
- **Gedanken zu übermitteln.**

Weitere Formen des Auftretens von Ordnung

Nachfolgend sind Beispiele weiterer Formen des Auftretens von Ordnung auf der dritten Ebene aufgelistet.

Beispiele:
    Bewußtsein, Selbstbewußtsein, Qualia, das Ich, das Selbst, Geist, Seele, Intelligenz, Intuition, Kreativität, Wille, Willensfreiheit, Charakter;

Freiheit, Ethik, Moral, Macht, Machtmißbrauch, Korruption, Fanatismus, Krieg;

Religion, Philosophie, Ideologie, Erkenntnis, Metaphysik, Mystik, Glaube, Aberglaube;

Kultur, Wirtschaft, Technik, Wissenschaft, Kunst, Politik;

Sprache, Schrift, elektronische Kommunikation;

Liebe, Haß, Machtlust, Mißgunst, Mitleid.

In den folgenden Kosmos-Sätzen werden einige dieser Formen der Ordnung auf der dritten Ebene definiert. Aus den Definitionen geht hervor, daß all diese Formen der Ordnung mit dem Setzen und Erreichen von Zielen zusammenhängen.

Bewußtsein

Der Begriff „Bewußtsein" wird sehr unterschiedlich definiert.

„Bewußtsein" ist eine Eindeutschung des 18. Jahrhunderts für „conscientia" und bedeutete früher ausschließlich Gewissen. Das Gewissen seinerseits ist die moralische Bewertung der gesetzten Ziele.

Gerald Edelmann unterscheidet zwischen primärem Bewußtsein und Bewußtsein höherer Ordnung. Er schreibt:

„Das primäre Bewußtsein ist der Zustand, in dem man sich der Dinge in der Welt geistig bewußt ist – also in der Gegenwart geistige Bilder hat. Aber dazu gehört kein Gefühl für Vergangenheit und Zukunft. Es ist das, was sich bei manchen nichtsprachlichen Lebewesen vermuten läßt.

Im Gegensatz dazu gehört zum Bewußtsein höherer Ordnung, daß ein denkendes Subjekt die eigenen Handlungen oder Gefühle erkennt. Es enthält ein Modell des Personalen, und zwar nicht nur in der Gegenwart, sondern auch in Vergangenheit und Zukunft. Es zeigt ein unmittelbares Gewahrsein an – die unmittelbare Wahrnehmung geistiger Vorgänge ohne die Beteiligung von Sinnesorganen und Rezeptoren. Es ist das, was wir als Menschen zusätzlich zum primären Bewußtsein haben. Wir sind uns unseres Bewußtseins bewußt."

Der Neurophysiologe William H. Calvin schreibt in seinem Buch „Die Symphonie des Denkens – wie aus Neuronen Bewußtsein entsteht":

„Wenn Ihnen von nun an in diesem Buch das Wort ‚Bewußtsein' begegnet, bedeutet es wahrscheinlich Planen für die Zukunft, Alternativen entwickeln und zwischen ihnen für den nächsten Schritt eine Wahl zu treffen."

Die Aussage im folgenden Kosmos-Satz kommt der Definition von Calvin nahe.

Kosmos-Satz 6.3-5
Das Bewußtsein des Menschen ist eng mit seiner Fähigkeit verbunden, Ziele zu setzen.

Das menschliche Bewußtsein ist nach Edelmann ein Bewußtsein höherer Ordnung. Bewußtsein höherer Ordnung, Geist und Seele sind verwandte Begriffe.

Wille und Willensfreiheit

Kosmos-Satz 6.3-6
Wille ist die Fähigkeit des Menschen, Ziele setzen und erreichen zu wollen.

Kosmos-Satz 6.3-7
Willensfreiheit ist das Vermögen des Menschen, nach freier Wahl Ziele setzen zu können.

Auf diese Kosmos-Sätze wird im Abschnitt „Zum Thema Willensfreiheit" eingegangen.

Charakter

Kosmos-Satz 6.3-8
Der Charakter eines Menschen kommt in den Zielen, die er sich setzt und erreichen will, zum Ausdruck.

Der Charakter eines Menschen spielt beim Setzen seiner Ziele eine dominante Rolle, er ist selbst wichtiger als sein Verstand.

Macht, Freiheit und Ethik

Kosmos-Satz 6.3-9
Die Macht des Menschen ist sein Vermögen, seine gesetzten Ziele erreichen zu können.

Wir unterscheiden zwischen ethisch indifferenter Machtausübung, verantwortungsbewußter Machtausübung und Machtmißbrauch. Bei Tieren ist das Ausüben von

Macht selbstverständlich ethisch indifferent, bei den Menschen gibt es alle drei Formen.

Kosmos-Satz 6.3-10
Machtmißbrauch ist das Setzen und Erreichen von Zielen, unter völliger Mißachtung berechtigter Ziele anderer Menschen.

Kosmos-Satz 6.3-11
Die Freiheit des Menschen ist sein Vermögen, Ziele zu setzen und zu erreichen, unter freiwilliger Beachtung der Ziele anderer Menschen und unter freiwilliger Berücksichtigung ethischer Werte.

Die Berücksichtigung ethischer Werte kommt Kants kategorischem Imperativ gleich, er heißt: Handle so, als ob die Maxime (Richtlinie) deiner Handlung zum allgemeinen Naturgesetz werden sollte.

Vergl. „Zum Thema Individuum und Gemeinschaft" und „Zum Thema Macht und Freiheit" im Schlußkapitel.

Wir bemerken:

Willensfreiheit ist das Vermögen, etwas Bestimmtes *wählen zu können*, während Macht das Vermögen ist, etwas Bestimmtes *zu erreichen*. Freiheit schließt beides, Willensfreiheit und Macht, mit ein.

Krieg

Kosmos-Satz 6.3-12
Krieg ist das gewaltsame Erreichen von Zielen durch größere Gemeinschaften.

Wir müssen uns immer bewußt sein, daß jeder Krieg, von der kleinsten lokalen gewaltsamen Auseinandersetzung zweier Gemeinschaften bis zum Weltkrieg, in den Köpfen von zwei Menschen oder einer kleinen Gruppe von Menschen geboren wird. Im einen Kopf oder den einen Köpfen brauen sich aggressive Ziele zusammen und in den anderen der Widerstand.

Darum wehret den Anfängen!

Kultur

Kosmos-Satz 6.3-13
Kultur ist die Summe aller von Menschen gesetzten und erreichten Ziele.

Die von Menschen und menschlichen Gemeinschaften erreichten Ziele lassen sich aufteilen gemäß den Kriterien: wann, wer und was. Ebenso läßt sich die Kultur aufgliedern.

Aufgliederung nach der Zeit: z. B. Beispiel Steinzeitkultur. Das ist die Summe der während der Steinzeit von Individuen und menschlichen Gemeinschaften erreichten Ziele.

Aufgliederung nach Gemeinschaften: z. B. die bernische Kultur. Das ist die Summe der von Bernern und vom Staat Bern erreichten Ziele.

Aufgliederung nach Kulturbereichen: z. B. der soziale Bereich, Religion, Technik, Wissenschaft, Kunst, Wirtschaft etc. Das ist die Summe der erreichten Ziele von den in diesen Kulturbereichen tätigen Individuen und Institutionen.

7. Um-ordnen

Um-ordnen auf drei Ebenen

Auch Um-ordnen kann auf drei Ebenen auftreten, gleich wie wir dies im letzten Kapitel, bei der Behandlung der Komponente Ordnung gesehen haben.

Kosmos-Satz 7-1
Um-ordnen tritt auf drei Ebenen auf:
– auf der physikalischen Ebene,
– auf der biologischen und regeltechnischen Ebene und
– auf der mentalen Ebene.

Kosmos-Satz 7-2
Um-ordnen auf den höheren Ebenen ist dem Um-ordnen auf den niedrigeren Ebenen überlagert.

Die Formen des Auftretens des Um-ordnens auf der ersten, physikalischen Ebene sind im Kosmos-Satz 7.1-1 dargelegt.
Stichworte: Ändern des Ortes, Ändern des Impulses.

Die Formen des Auftretens des Um-ordnens auf der zweiten, biologischen und regeltechnischen Ebene sind im Kosmos-Satz 7.2-1 dargelegt.
Stichwort: Ziele erreichen bzw. selbstgeregelt zielgerichtet zu funktionieren.

Die Formen des Auftretens des Um-ordnens auf der dritten, mentalen Ebene sind im Kosmos-Satz 7.3-1 dargelegt.
Stichworte: Ziele setzen bzw. Handlungen planen; sich bewußt werden.

Auf der ersten Ebene geht es um ein Um-ordnen im Raum und in der Zeit, während auf den höheren Ebenen völlig Neues dazu kommt.

UM-ORDNEN

auf der ersten Ebene

**Um-ordnen auf
der physikalischen
Ebene**

UM-ORDNEN

auf der zweiten Ebene

auf der ersten Ebene

**Um-ordnen auf der
biologischen und
regeltechnischen
Ebene**

dem Um-ordnen auf der
physikalischen Ebene überlagert

UM-ORDNEN

auf der dritten Ebene

auf der zweiten Ebene

auf der ersten Ebene

**Um-ordnen auf der
mentalen Ebene**

dem Um-ordnen auf der biologischen
und physikalischen Ebene überlagert

Um-ordnen tritt auf drei Ebenen auf

7.1 Um-ordnen auf der ersten Ebene

Die Auftretensformen des Um-ordnens auf der ersten Ebene

Kosmos-Satz 7.1-1
Um-ordnen auf der ersten Ebene tritt primär auf:
- *als Ändern des Ortes und Impulses der Elementarteilchen und der Wesenheiten und*
- *als Ändern der Anordnung und Größe der Kräfte in den Feldern.*

Das Ändern des Impulses ist ein Ändern der Bewegungsrichtung und der Bewegungsgeschwindigkeit der Elementarteilchen und Wesenheiten.

Um-ordnen auf der ersten Ebene bei Lebensvorgängen

Wir haben früher festgestellt: Leben ist Energie-umwandeln und Um-ordnen auf mehreren Ebenen.
Hier das Um-ordnen auf der ersten Ebene bei Lebensvorgängen:

Kosmos-Satz 7.1-2
Bei allen Lebensvorgängen tritt Um-ordnen auf der ersten Ebene auf:
- *als Ändern der Orte und Impulse der Lebewesen und ihrer Teilwesenheiten und Elementarteilchen und*
- *als Ändern der Anordnung und Größe der Kräfte zwischen den Lebewesen und ihren Umwelten und zwischen ihren Teilwesenheiten und Elementarteilchen.*

Es gehört zu den Aufgaben der Physiologie das Energie-umwandeln und das Um-ordnen auf der ersten Ebene bei den Lebensvorgängen der Pflanzen, Tiere und Menschen zu erforschen.
Die Physiologie lehrt uns weiter, was das sehr spezielle Energie-umwandeln und Um-ordnen auf der ersten Ebene bewirkt. Zum Beispiel das Gewinnen von Energie bzw. das Konstanthalten der Entropie der Lebewesen, das Öffnen und Schließen von Kanälen, die Kontraktion der Muskel, das Pumpen von Blut, der

Transport von Sauerstoff zu den Mitochondrien, das Ausströmen von Neurotransmittern, das Hinauspumpen von Natriumionen etc.

Um-ordnen auf der ersten Ebene bei der Gehirntätigkeit von Tier und Mensch

Das Ändern der Standorte und Impulse der Teilwesenheiten des Gehirns geht einher mit dem entsprechenden Energie-umwandeln.

Wir schreiben Kosmsossatz 7.1-3 in Anlehnung an Kosmos-Satz 4-3.

Auch hier geht es darum, die Unberechenbarkeit und Vielgleisigkeit des Umordnens auf der ersten Ebene bei der Gehirntätigkeit festzuhalten.

Kosmos-Satz 7.1-3
Die Serien und Sequenzen des Um-ordnens auf der ersten Ebene bei der Gehirntätigkeit sind nicht im voraus berechenbar, sie lassen, innerhalb eines bestimmten Rahmens, mehrere Möglichkeiten zu – sie sind vielgleisig determiniert.

Um-ordnen auf der ersten Ebene beim Denken des Menschen

Kosmos-Satz 7.1-4 lehnt sich an Kosmos-Satz 4-4 an, dabei soll die Neuartigkeit des Um-ordnens auf der ersten Ebene beim Denken hervorgehoben werden.

Kosmos-Satz 7.1-4
Die Serien und Sequenzen des Um-ordnens auf der ersten Ebene beim menschlichen Denken sind teilweise neuartig – vorher nie dagewesen – original.

7.2 Um-ordnen auf der zweiten Ebene

Was im Kapitel 6.2 einleitend zur Ordnung auf der zweiten Ebene gesagt wurde, gilt sinngemäß auch für das Um-ordnen auf der zweiten Ebene.

Zur Beachtung: Im folgenden werden für das Um-ordnen auf der zweiten Ebene die gleichen Verben gebraucht wie für das ganze Geschehen. Wenn wir von Fressen, Lernen, Fliehen, Empfinden, Wahrnehmen und Erreichen von Zielen sprechen, dann meinen wir sowohl das Um-ordnen auf der zweiten Ebene alleine als auch das ganze Geschehen, d. h. das Energie-umwandeln und das Um-ordnen auf der ersten und der zweiten Ebene.

Die Auftretensformen des Um-ordnens auf der zweiten Ebene

Kosmos-Satz 7.2-1
Um-ordnen auf der zweiten Ebene tritt primär auf:
– als Erreichen von Zielen und
– als Empfinden.

Ziele Erreichen

Das Erreichen von Zielen bzw. das selbstgeregelte zielgerichtete Funktionieren steht im Zentrum des Um-ordnens auf der zweiten Ebene. Wie werden die Ziele erreicht?

Kosmos-Satz 7.2-2
Wesenheiten und ihre Teilwesenheiten erreichen ihre Ziele:
– durch Erfassen der Umwelt, soweit dies für die Zielerreichung von Bedeutung ist,
– durch Wählen von Teilzielen, falls erforderlich,
– durch Schaffen, Erhalten und Vernichten und Übermitteln von Ordnung mittels selbstgeregeltem Wirken mit der Umwelt.

Dieser Kosmos-Satz gilt sowohl für die Zielerreichung der Lebewesen als auch für die Zielerreichung der Automaten. Im Begriff „Kybernetik" ist die Technik der Zielerreichung im organischen und im technischen Bereich zusammengefaßt.

Die Umwelt erfassen

Das Erfassen bzw. Wahrnehmen bestimmter Aspekte des Seins und Geschehens in der Umwelt bildet den ersten Schritt für das Erreichen eines Ziels.

Erfaßt werden physikalische Gegebenheiten, z. B. Schallwellen oder Licht. Physikalische Gegebenheiten sind Ordnungen auf der ersten Ebene, sie werden von Rezeptoren erfaßt.

Für die Wesenheiten der zweiten Ebene sind bestimmte physikalische Gegebenheiten von Bedeutung – von Bedeutung für ihr selbstgeregeltes Wirken. Das heißt, diesen physikalischen Gegebenheiten ist für den Empfänger Information überlagert. Information ist eine Ordnung auf der zweiten Ebene.

Wir schließen: Erfassen der Umwelt auf der ersten Ebene ist ein Erfassen von physikalischen Gegebenheiten. Auf der zweiten, ihr überlagerten Ebene ist es ein Empfangen von Information.

Ordnung übermitteln

Gleich wie beim Erfassen wird auch beim Übermitteln Physikalisches übermittelt und – überlagert – Information.

Die physikalische Gegebenheit kann ein Protein einer Zelle sein, welches an der Nachbarzelle andockt und damit – überlagert – Information von einer Zelle an ihre Nachbarzelle übermittelt, oder es können Duftstoffe sein, denen Information überlagert ist, z. B. die Information, daß ein Tier zur Paarung bereit ist.

Teilziele wählen

Wesenheiten erreichen Ziele direkt oder indirekt, durch das Erreichen von Teilzielen. Im letzteren Falle muß die Wesenheit die Teilziele auswählen. Im Kosmos-Satz 7.2-7 wird beschrieben, wie diese Wahl vor sich geht.

Selbstgeregeltes Wirken

Wesenheiten erreichen Ziele durch selbstgeregeltes Wirken mit der Umwelt. Durch das selbstgeregelte Wirken wird Ordnung geschaffen, erhalten, vernichtet und übermittelt.

Was heißt hier selbstgeregeltes Wirken?

Es heißt: etwas geschehen machen, etwas bewirken.

Dabei ist charakteristisch, daß der Anstoß für das Geschehen von der Wesenheit selbst ausgeht. „Selbstgeregelt" steht im Gegensatz zu „von außen gesteuert".

Um-ordnen auf der zweiten Ebene bei Automaten

Bei Automaten tritt Um-ordnen auf der zweiten Ebene als Erreichen von Zielen auf. Wir nehmen nochmals die automatische Türe als Beispiel.

Um-ordnen auf der zweiten Ebene bei der automatischen Türe

Bei der automatischen Türe tritt Um-ordnen auf der zweiten Ebene auf, als Erreichen des Ziels, die Türe dann und nur dann zu öffnen, wenn jemand sie passieren will.

(Der Besteller hat dieses Ziel gesetzt, der Konstrukteur hat ermöglicht, daß es erreicht wird.)

Wir stellen fest: Die Türe registriert den Unterbruch des Lichtstrahls, wenn jemand zur Türe schreitet. Dem Erfassen des Unterbruchs ist die Information überlagert, daß jemand die Türe passieren will.

Die Türe erreicht das Ziel direkt, sie hat somit keine Teilziele zu wählen.

Die Türe öffnet sich selbstgeregelt, der Anstoß, sich zu öffnen, geht von der Türe selbst aus; niemand muß die Türe aufstoßen oder durch Knopfdruck öffnen.

Um-ordnen auf der zweiten Ebene bei Teilwesenheiten von Lebewesen

Die Teilwesenheiten eines Lebewesens helfen durch das Erreichen von Teilzielen mit, das Überlebensziel des Lebewesens zu erreichen. Allgemein läßt sich sagen:

Kosmos-Satz 7.2-3
Lebensvorgänge sind meist Zielerreichungsvorgänge von Lebewesen und ihren Teilwesenheiten.

Beispiele:

Zielerreichungsvorgänge bei Teilwesenheiten von Lebewesen

Teilwesenheit	Zielerreichungsvorgang
DNA-Doppelstrang	sich verdoppeln
Ribosom und Boten-RNA	Proteine produzieren
Chloroplasten	Photosynthese durchführen
Mitochondrien	Atmen – Energie gewinnen
Gleitfilament	sich auf Befehl verkürzen
Zellen allgemein	sich teilen
Drüsenzellen	z. B. Hormone produzieren
Sinneszellen	Umweltreize aufnehmen
Herz	Blut pumpen
Verdauungstrakt	verdauen

Um-ordnen auf der zweiten Ebene bei Lebewesen

Das Überlebensziel erreichen

Betrachten wir nun die Lebewesen als Ganzes und fragen uns, wie sie das Ziel zu überleben erreichen. Physik, Chemie und Technik genügen nicht, um dieses Um-ordnen auf der zweiten Ebene zu begreifen, wir müssen zu erfassen suchen, was uns Mikrobiologen, Physiologen und Verhaltensforscher lehren.

Lebewesen erreichen das Überlebensziel:
– durch Erfassen des Seins und Geschehens in der Umwelt, soweit dieses für das Überleben von Bedeutung ist,
– durch Niedrighalten der eigenen Entropie mittels Gewinnung von Energie aus der Umwelt,
– durch Wachsen und Sicherneuern unter Verwendung von Wesenheiten der Umwelt und durch Absondern von Wesenheiten (Stoffwechsel),
– durch Teilen der Zellen, wobei die Zellen Lebewesen oder Teilwesenheiten von Lebewesen sind,
– durch zielgerichtetes Regulieren,

- durch sofortige zielgerichtete Reaktion auf Erkanntes,
- durch Übermitteln von Information innerhalb des Lebewesens und durch Übermitteln von Information an die Umwelt,
- durch Übermitteln der Fähigkeit, das Überlebensziel zu erreichen, an Lebewesen der nächsten Generation,
- durch das Erreichen der Ziele und Teilziele ihrer Teilwesenheiten und
- durch unbewußtes zielgerichtetes Verhalten.

Es ist dies die allgemeinste Beschreibung, wie das Überlebensziel erreicht wird. Einige der aufgelisteten Lebensvorgänge finden wir bei allen Lebewesen, bei der Milbe, beim Mohn sowie auch bei der Meise und beim Menschen.

Je nach Art sind es Tausende, Millionen, Milliarden oder Tausende von Milliarden von Teilzielen, die täglich erreicht werden müssen, um zu überleben. Die Physiologen lehren uns, daß im Knochenmark der Säuger durch Mitose neue rote Blutkörperchen gebildet werden, beim Menschen sind es rund 300 Milliarden täglich. Allein für die Teilung eines einzigen Blutkörperchens müssen sehr viele Teilziele erreicht werden. Die Teilung eines Blutkörperchens ist ein Lebensvorgang – ein Zielerreichungsvorgang bzw. ein selbstgeregeltes zielgerichtetes Funktionieren.

Welches sind die Voraussetzungen, daß die Lebewesen das Überlebensziel erreichen? Es ist das komplexe Energie-umwandeln und das hochspezialisierte Umordnen auf der ersten Ebene, welches die Lebewesen dazu befähigt.

Nur dank den äußerst komplexen Abläufen auf der ersten, physikalischen Ebene konnte sich diesen das Erreichen der Überlebensziele (Um-ordnen auf der zweiten Ebene) überlagern.

Durch angeborene Fähigkeiten ein Verhaltensziel erreichen

Das Überlebensziel wird von Tieren und von Menschen – zusätzlich zu den eben beschriebenen Zielerreichungsvorgängen – durch unbewußtes zielgerichtetes Verhalten erreicht. Auf dieses Verhalten soll im folgenden eingegangen werden.

Kosmos-Satz 7.2-4
Zu den Zielerreichungsvorgängen von Tieren gehört das unbewußte Erreichen von Verhaltenszielen.

Was können wir über das unbewußte zielgerichtete Verhalten aussagen?

„Tiere werden von Naturkräften geformt, die sie nicht begreifen. Für sie gibt es weder Vergangenheit noch Zukunft. Es gibt nur die immerwährende Gegenwart – ihre Fährten im Wald, ihre verborgenen Bahnen in der Luft und in der See." (Loren Eiseley, Anthropologin)

Kosmos-Satz 7.2-5
Unbewußtes zielgerichtetes Verhalten ist triebhaftes und instinktives Verhalten.

Wie wir aus den Kosmos-Sätzen 6.2-8 und 6.2-9 ersehen, treibt ein Trieb ein Tier oder einen Menschen dazu, ein Verhaltensziel zu erreichen, während ein Instinkt die Fähigkeit eines Tieres oder eines Menschen ist, sich zielgerichtet zu verhalten.

Wählen der Teil- und Bewegungsziele eines Verhaltensziels

Ein Verhaltensziel wird durch die Wahl der hierarchisch abgestuften Teilziele bis hinunter zur Wahl der Bewegungsziele und dem anschließenden Auslösen und Ausführen von Bewegungen erreicht. Dieser Zyklus kann sich millionenfach wiederholen, bis ein Verhaltensziel erreicht ist.

Kosmos-Satz 7.2-6
Tiere erreichen Verhaltensziele:
– durch Wählen von Teil- und Bewegungszielen und
– durch Auslösen und Ausführen von Bewegungen.

Anstatt Wählen können wir auch sagen: Entscheiden. Entscheiden, welche Teil- und Bewegungsziele zu wählen sind.
Wie wird ein Teilziel gewählt?

Kosmos-Satz 7.2-7
Tiere wählen die Teil- und Bewegungsziele eines Verhaltensziels:
– durch Wahrnehmen der Umwelt,
– durch Erinnern und
– durch Bewerten der Zielalternativen, aus welchem die Wahl resultiert.

Tiere haben die Fähigkeit, ein breites Spektrum von Zielalternativen erreichen zu können. Die Bewertung der Zielalternativen erfolgt aufgrund angeborener und durch Erfahrung modifizierter Bewertungskriterien. Ergibt die Bewertung keine Präferenz für eine der Zielalternativen, dann ist die Wahl dem Zufall überlassen.

Auslösen und Ausführen einer Bewegung

Zum Auslösen und Ausführen einer Bewegung oder eines Bewegungsmusters schreibt Calvin: „Die meisten motorischen Programme werden durch eine mit dem passenden Schlüssel vergleichbare Kombination von Auslösern in zahlreichen Zellen gestartet; dabei sind die Zellen, die inaktiv sind, für den Effekt ebenso wichtig wie die aktiven Zellen. Deshalb rechnet man damit, daß in der letzten Phase der sensorischen Verarbeitung als Auslöser ein verteiltes Muster erzeugt wird. Und zwar nicht nur ein räumliches Muster wie bei den Schlüsselkerben, sondern ein raumzeitliches Muster, wie es das Finale eines Feuerwerks darstellt, bei dem es sowohl auf die Reihenfolge ankommt, in der verschiedene Neurone aktiviert werden, als auch darauf, welche Neurone aktiviert werden."

Zur Erläuterung des Gesagten betrachten wir eine einzige Episode: das Aufpikken eines bestimmten Strohhalms im Zuge des Nestbaus einer Meise.

Beispiel: Nestbau einer Meise
Verhaltensziel:
ein Nest zu bauen

Dieses Ziel ist Teilziel des Ziels, sich zu reproduzieren. Die Meise wird zur rechten Zeit dazu getrieben, dieses Ziel zu erreichen.

Das Ziel, ein Nest zu bauen, ist hierarchisch gleich einzustufen wie die Ziele, sich zu paaren, Eier zu brüten oder die Jungen zu füttern.

Teilziele inkl. Bewegungsziel wählen:

Die Meise wählt das Teilziel, ihr Nest am Nistplatz a zu bauen (und nicht am Nistplatz b oder c).

Die Meise wählt das Teilziel, den Strohhalm d als Nistmaterial aufzupicken (und nicht den Strohhalm e, f, g oder h).

Die Meise wählt das Bewegungsziel, die Schnabelbewegungen x auszuführen (und nicht die Schnabelbewegungen y oder z).

Ein Nest zu bauen, einen Strohhalm als Nistmaterial aufzupicken und Schnabelbewegungen auszuführen, sind Teilziele, die sich aus angeborenen Fähigkeiten ergeben.

Die Meise wählt Nistplatz a, Strohhalm d und die Schnabelbewegung x, bevor sie diese auslöst und ausführt. Ihr Instinkt hilft ihr, in jedem Moment die richtige Wahl zu treffen.

Jede Wahl enthält die Schritte: Wahrnehmen, Erinnern und Bewerten.

Bewegung auslösen und ausführen:
Schnabelbewegung x auslösen und ausführen.

Was weiß die Meise?

Es ist kaum anzunehmen, daß die Meise weiß, daß sie ein Nest baut, und dabei eine unermeßliche Vielzahl von Entscheidungen (instinktiv) fällt, bevor sie die ebenfalls unermeßliche Anzahl von Bewegungen ausführt. Noch weniger ist anzunehmen, daß die Meise etwas über die Wahl ihrer Teilziele weiß.

Es geschieht ihr einfach.

Um-ordnen auf der zweiten Ebene bei Gemeinschaften von Tieren

Das Überlebensziel der Gemeinschaft von Tieren erreichen

Die Gemeinschaften von Tieren erreichen das Überlebensziel dadurch, daß die einzelnen Tiere der Gemeinschaft die Teilziele der Gemeinschaft erreichen.

Tiere, die von Natur aus zum Leben in der Gemeinschaft veranlagt sind, können nur als Gruppe überleben, also nur dann, wenn innerhalb ihrer Gruppe soziale Verhaltensweisen neben egoistischen Tendenzen vorhanden sind. Andernfalls sind sie in ihrer Gesamtheit zum Untergang verurteilt.

Es gibt Fälle, in denen selbst das fundamentale Ziel des Individuums zu leben dem Ziel der Gemeinschaft zu überleben untergeordnet wird: Eine Zielstrategie der Evolution.

Das auf dem Wachtposten stehende Murmeltier muß sich exponieren, um Freßfeinde entdecken und die Gemeinschaft mit Pfiffen warnen zu können. Es gefährdet sich zugunsten der Sippe: ein altruistisches Verhalten.

7.3 Um-ordnen auf der dritten Ebene

Das Um-ordnen auf der dritten Ebene vollzieht sich auf unserem Planeten nur bei uns Menschen.

Die Auftretensformen des Um-ordnens auf der dritten Ebene

Kosmos-Satz 7.3-1
Um-ordnen auf der dritten Ebene tritt primär auf:
– als Setzen und Erreichen von Zielen und allgemein
– als Denken,
– als Bewußtwerden und
– als vertieftes Empfinden.

Denken

Vorbemerkungen

1. Wenn wir über das Denken nachdenken, dürfen wir nie eine Trennung zwischen uns und unserem Gehirn vornehmen.
   Wir dürfen nicht sagen: „Hier bin ich, und dort ist mein Gehirn", oder: „Ich tue dies, und mein Gehirn tut das", sondern wir müssen uns und unser Gehirn als Einheit betrachten und sagen: „Hier bin ich mit meinem Gehirn, und ich denke mit meinem Gehirn."
   (Ich bin mir bewußt, daß diese Aussage nicht allgemein akzeptiert ist. Sie steht z. B. im Widerspruch mit dem dualistischen Prinzip von Karl Popper und Sir John Eccles, die bereits mit ihrem Buchtitel „The Self and Its Brain" eine Bresche zwischen dem Menschen und seinem Gehirn schlagen.)
2. Das Denken nahm mit dem Setzen von Zielen bzw. mit dem Planen von Handlungen seinen Anfang. Das Denken allgemein ist aus dem Setzen von Zielen hervorgegangen. (Vergl. Kap. 8)
3. Wir Menschen sind „Darwin-Maschinen", die nach dem Prinzip Variation und Selektion Gedanken und Bewußtsein produzieren. Der Ausdruck „Darwin-Maschine" stammt vom theoretischen Neurophysiologen William Calvin und ist seinem Buch „Die Symphonie des Denkens" entnommen.

4. Neurophysiologen sagen uns: Es gibt mehr als eine Million Millionen Neuronen. 99 Prozent davon sind Interneuronen im Gehirn und Rückenmark, sie haben keinen direkten Zugang zur Umwelt. Signale aus der Umwelt nehmen die sensorischen Neuronen auf. Befehle an unsere Muskeln werden von Motoneuronen weitergeleitet.

Das Prinzip Variation und Selektion beim Denken

Wir arbeiten beim Denken nach dem Prinzip „Variation plus Selektion"; Zufall der angebotenen Variationen, Selektion aufgrund von Bewertungskriterien.

Wie entstehen die Varianten?

Die Varianten entstehen darum, weil im Gehirn fortwährend (im wahrsten Sinne des Wortes) etwas los ist. Calvin:

„Interneuronen bleiben selten für längere Zeit stumm: Selbst wenn wir schlafen und uns nicht rühren und kaum eine sensorische Verarbeitung stattfindet, sind die meisten dieser tausend Milliarden Neuronen in ein eifriges Gespräch miteinander verwickelt. Jedes spricht direkt zu etwa tausend anderen Interneuronen, erreicht aber mit seiner Botschaft nicht bei allen Empfängern die gleiche Wirkung. Etwa die Hälfte der Interneuronen schickt eine überwiegend hemmende Botschaft und wirkt damit erregenden Empfehlungen entgegen."

Was passiert auf der ersten Ebene?

Wir produzieren laufend mit unserem neuralen Apparat, in Serie, eine Unmenge von Sequenzen des Energie-umwandelns, des Standortwechselns und der Impulsänderungen seiner Teile. Die Sequenzen entstehen innerhalb eines bestimmten Spektrums zufällig.

Anders als beim Tier produziert der Mensch mit seinem Gehirn teilweise neuartige, vorher nie dagewesene, originale Sequenzen.

(Vergl. Kosmos-Satz 7.1-4)

Wie haben wir uns die Selektion vorzustellen?

Calvin: „Seit mindestens hundert Jahren weiß man, daß auch die höchste biologische Funktion, die man kennt, das menschliche Denken, auf zufälliger Erzeugung zahlreicher Alternativen beruht und lediglich durch eine Reihe von Selektionen zu etwas Brauchbarem wird. Genau wie die eleganten Augen und Ohren, die der biologische Zufall hervorgebracht hat, verliert auch das Endprodukt der Darwin-Maschine (sei es ein Satz oder ein Szenario, ein Algorithmus oder eine Allegorie) jede Zufälligkeit, weil alternative Sequenzen über viele nur Millisekunden währende Generationen hinweg durch Selektion off-line entwickelt wurden."

Calvin weiter: „Nach meinem minimalistischen Modell des Geistes ist das Bewußtsein in erster Linie eine Darwin-Maschine, die mit Hilfe von Nutzabwägungen projektierte Sequenzen von Wörtern/Schemata/Bewegungen bewertet, die off-line in einem massiv seriellen neuralen Apparat gebildet werden. Sieger bei dieser Bewertung wird das, dessen man sich bewußt ist und auf das man gelegentlich einwirkt. Was sich im Geist abspielt, ist eigentlich nicht eine Symphonie, sondern es gleicht eher einem Probesaal, in dem verschiedene Melodien eingeübt und komponiert werden; daß wir aus dem ganzen Durcheinander eine zerebrale Symphonie heraushören können, verdanken wir der Fähigkeit, die Aufmerksamkeit auf ein einziges, wohlgeformtes Szenario zu konzentrieren."

Wie kam es zum Denken?

Aus den zufällig entstandenen und teilweise neuartigen Sequenzen auf der ersten und zweiten Ebene ist einigen wenigen selektionierten Sequenzen ein Um-ordnen auf der dritten Ebene überlagert. Dieses Um-ordnen ist Denken und Bewußtwerden.

Wir sind mit der schwierigen Frage konfrontiert: Wie kam es überhaupt zur Überlagerung einer mentalen Ebene über die physikalische und biologische Ebene?

Der Ansatz zu einer Antwort muß in der Evolutionsgeschichte gesucht werden. Im Kommentar zu Kosmos-Satz 8-3 werden wir versuchen, uns an das Problem heranzutasten.

Ziele setzen

Das Setzen von Zielen ist ein Denkprozeß – der ursprünglichste aller Denkprozesse.

Menschen setzen Ziele:
- *durch Wahrnehmen der Umwelt,*
- *durch Erinnern,*
- *durch Kreieren von Zielalternativen,*
- *durch Aufstellen von Bewertungskriterien und*
- *durch Bewerten der Zielalternativen, aus welchem die Wahl resultiert.*

Die Schritte Wahrnehmen, Erinnern und Bewerten nehmen bereits Tiere vor, wenn sie ein Teil- oder Bewegungsziel wählen, welches sich aus ihren angeborenen Fähigkeiten ergibt.

(Vergl. Kosmos-Satz 7.2-7)

Es bestehen jedoch große qualitative Unterschiede. Während bei Tieren das Wahrnehmen der Umwelt sehr eng ist, zu vergleichen mit einem Laserstrahl, ist es beim Menschen umfassend, ihn interessiert alles. Mit dem Erinnern wird es ähnlich sein. Und das Bewerten? Das Tier bewertet ausgetretene Pfade und wählt instinktiv einen von ihnen, der Mensch bewertet Neuland und wählt daraus.

Die Schritte Kreieren von Zielalternativen, das Aufstellen von Bewertungskriterien und das Bewerten neuer Zielalternativen bleiben allein uns Menschen vorbehalten, sie werden bewußt getan. Die Aussage von Kosmos-Satz 6.3-5 wird hier bestätigt: „Das Bewußtsein des Menschen ist eng mit seiner Fähigkeit verbunden, Ziele zu setzen."

Zielalternativen kreieren

Das Kreieren von Zielalternativen erfolgt nach dem gleichen Prinzip „Variation plus Selektion", wie wir es im Abschnitt über das Denken kennengelernt haben.

Ich bin fähig, das Ziel zu kreieren, heute abend ins Kino zu gehen, eine Firma zu gründen oder mein Glas zu erheben. Die edelsten und ebenso die niederträchtigsten Ziele werden von Menschen mit ihren Gehirnen kreiert.

Ein Ziel zu kreieren, verlangt die intellektuellen Fähigkeiten der Intuition, des konzeptionellen Denkens und der Kreativität. Es wird beeinflußt durch das akkumulierte Wissen, durch nachzuahmende Vorbilder und durch das Erkennen der aktuellen Umweltsituation.

Es wird aber auch maßgebend beeinflußt durch unsere Gefühle, Wünsche und Triebe. Ebenso wird das Kreieren von Zielen beeinflußt durch unsere angeborenen Fähigkeiten, Ziele zu erreichen. Warum? Weil wir beim Kreieren von Zielalternativen oft auf den angeborenen Fähigkeiten und den sich daraus ergebenden Zielen aufbauen und sie lediglich differenzieren. So fressen wir nicht einfach wie die Tiere, was zu sammeln und zu jagen ist, sondern setzen Produktionsziele in der Landwirtschaft oder nehmen uns vor, etwas Feines zu kochen.

Das Kreieren von Zielen baut auf zufällig entstandenen, neuen Sequenzen auf der ersten physikalischen und der zweiten biologischen Ebene auf. Nicht von ungefähr gebrauchen wir die Redewendungen „Es ist mir eingefallen", „Dem fällt nie etwas ein", „Es kam mir in den Sinn", oder wir sprechen von „Gedankenblitzen".

Bewertungskriterien aufstellen

Offene, intelligente und feinfühlige Menschen bauen sich ein breites Spektrum von Bewertungskriterien auf. Sie nehmen auch die Konsequenzen, die ihre Zielalternativen für die Mitmenschen haben, in ihren Bewertungskatolog auf. Engstirnige, sture und fundamentalistische Menschen bemühen sich kaum, Bewertungskriterien aufzustellen. Zu den Bewertungskriterien gehören die Machbarkeit, die Wünschbarkeit, die Nützlichkeit für mich und meine Mitmenschen und die Fragen nach der ethisch-moralischen, ökologischen, ökonomischen, politischen, religiösen, gesellschaftlichen und ästhetischen Verträglichkeit der Zielalternativen.

Bewerten der Zielalternativen

Das Bewerten der Zielalternativen kommt dem Gewichten der Bewertungskriterien gleich.

Das Bewerten beruht auf unserer Veranlagung, auf unserem Charakter, auf unserer momentanen Stimmung und auf dem Einfluß, welcher die Umwelt auf uns ausübt. Wir sind fähig, unsere Gewichtung ständig zu überdenken, anzupassen und aufgrund von Umwelteinflüssen zu revidieren. Aus dem Bewerten ergibt sich die Wahl einer der Zielalternativen.

Emotionen, Empfindungen und Gefühle spielen beim Setzen von Zielen eine ebenso wichtige Rolle wie der Verstand – seien es Liebe, Ärger, Angst, Sympathie, Geltungsbedürfnis, Machtgelüste oder Neid.

Selbst gesetzte Ziele erreichen

Kosmos-Satz 7.3-3
Menschen erreichen selbst gesetzte Ziele durch unbewußtes und bewußtes zielgerichtetes Verhalten.

Unbewußtes zielgerichtetes Verhalten

Ein selbst gesetztes Ziel unbewußt zu erreichen, heißt, sich unbewußt zielgerichtet zu verhalten.

Voraussetzung für das unbewußte Erreichen selbst gesetzter Ziele ist: Die Teilziele, die Bewertungskriterien und die Bewertung, d. h. die Gewichtung der Bewertungskriterien, müssen bekannt sein – müssen in unserem Gedächtnis verankert sein.

Ist diese Voraussetzung erfüllt, dann werden die selbst gesetzten Verhaltensziele in ähnlicher Weise wie im Tierreich erreicht.

Bewußtes zielgerichtetes Verhalten

Ein selbst gesetztes Ziel bewußt zu erreichen heißt, sich bewußt zielgerichtet zu verhalten.

Der Unterschied zwischen unbewußtem und bewußtem Erreichen eines selbst gesetzten Verhaltensziels besteht darin, daß beim unbewußten Erreichen die Bewertung der Zielalternativen angeboren oder erlernt und im Gehirn gespeichert ist, während beim bewußten Erreichen die Bewertung der Zielalternativen im Moment des Geschehens vorgenommen werden muß.

Falls es sich nicht um Routine handelt, müssen zudem Teilziel- und Bewegungsziel-Alternativen kreiert und Bewertungskriterien aufgestellt werden.

Beispiel:

Am Beispiel des Autofahrens wollen wir uns den Unterschied zwischen unbewußtem und bewußtem Erreichen eines selbst gesetzten Ziels vor Augen führen.

Unbewußt Autofahren

Das Ziel des Autofahrers ist es, von seiner Wohnung zum Arbeitsplatz zu fahren.

Er hat dieses Ziel schon unzählige Male erreicht. Nun fährt er ein weiteres Mal: Motor anlassen, aus der Garage fahren, losfahren, schalten, Gas geben, vor der Abzweigung Winker betätigen, in der Kolonne fahren, bremsen, wenn das Bremslicht des vorderen Wagens aufleuchtet etc. Es ist eine Abfolge von Wählen von Teilzielen und von Wählen und Erreichen von Bewegungszielen. Er wählt das Teilziel, den Winker zu betätigen, er wählt und erreicht das Bewegungsziel, seinen Arm, seine Hand und seine Finger zu bewegen.

Seine Gedanken sind aber bei den anstehenden Sitzungen oder beim Aufnehmen der Nachrichten, die aus dem Autoradio kommen. Sein Autofahren ist unbewußtes zielgerichtetes Verhalten.

Sein Verhalten unterscheidet sich nicht grundsätzlich von demjenigen der Meise, die ein Nest baut. Sein Tun erfordert keine Denkarbeit. Es basiert auf dem Erinnern an das schon oftmals erreichte gleiche Ziel.

Er fährt immer noch in der Kolonne, und nun stoppt der vordere Wagen ohne ersichtlichen Grund. Er bremst und hält an – auch hier: Wählen und Erreichen eines Teilziels, ein unbewußtes zielgerichtetes Verhalten.

Ungewöhnlich lange bleibt das Auto vor ihm stehen. Eine Situation, die seine Aufmerksamkeit verlangt, seine Gedanken verlassen die kommende Sitzung, bewußtes Autofahren setzt ein.

Bewußt Autofahren

Die Zielalternativen hat er erlernt, sie heißen: Warten oder Überholen. Auch die Bewertungskriterien sind erlernt, sie lauten: Zeitverlust oder Gefahr, die das Überholen mit sich bringt. Beim Überholen wird er auf die Gegenfahrbahn gelangen. Er bewertet die Gefahr der herannahenden Fahrzeuge und den Zeitgewinn, die ihm das Überholmanöver bringen würde. Er wählt das Teilziel Warten. Ein bewußtes zielgerichtetes Verhalten. Sein Tun erfordert Denkarbeit.

8. Sachverhalte der Evolution

Die Evolution umfaßt die Entwicklung vom Urknall über die kosmische, die präbiologische, die biologische und die mentale (und kulturelle) Evolution bis hin zur Welt von heute.

Sachverhalte der Evolution sind neuartige Auftritte. Diese sind aber nicht ins Auge springend, ganz im Gegenteil: In der biologischen Evolution brauchte es einen Charles Darwin, um die Sachverhalte sichtbar zu machen; das Aufzeigen der Sachverhalte der kosmischen Evolution ist immer noch im Gange, und wie „Adam und Eva" entstanden sind, an dieses Problem tasten sich die Paläanthropologen erst jetzt heran.

Die Sachverhalte der Evolution sind Wunder. Wunder im Sinne von wunderbar, großartig, erstaunlich – wir dürfen und sollen staunen über die Sachverhalte der Evolution. Es sind aber nicht Wunder im Sinne von Sachverhalten, die den Naturgesetzen zuwiderlaufen.

Die drei hervorragendsten Sachverhalte der Evolution sind:
– das Auftreten der Komponenten des Kosmos und ihrer Träger,
– das Entstehen und Entwickeln von Lebewesen, von Wesenheiten mit der Fähigkeit, Ziele zu erreichen, bzw. mit der Fähigkeit, selbstgeregelt zielgerichtet zu funktionieren, und
– das Entstehen und Entwickeln der Menschheit, von Wesenheiten mit der Fähigkeit, Ziele zu setzen und zu erreichen, bzw. mit der Fähigkeit, Handlungen zu planen und auszuführen.

Ziele spielen nach unserer Meinung bei der Evolution der Lebewesen und der Menschen eine dominante Rolle. Nach Kosmos-Satz 6.2-2 ist ein Ziel ein bestimmtes zukünftiges Sein oder Geschehen. Ziele haben etwas mit der Zukunft zu tun, mit einer Zukunft, die von gewissen Wesenheiten durch selbstgeregeltes Wirken mit der Umwelt gestaltet werden kann. Wie kam es soweit?

Das Auftreten der Komponenten des Kosmos und ihrer Träger

Kosmos-Satz 8-1
Sachverhalt der Evolution ist das Auftreten der Komponenten des Kosmos und ihrer Träger.

Die Komponenten des Kosmos sind: Energie, Energie-umwandeln, Ladung, Ordnung, Um-ordnen, Raum und Zeit.

Die Träger von Komponenten des Kosmos sind: Felder, Elementarteilchen und Wesenheiten.

(Vergl. Kosmos-Sätze 1-1 und 1-6)

Wir stellen uns vor, daß mit dem Urknall der Auftritt der Komponenten des Kosmos „begonnen" hat. Der Astrophysiker Steven Weinberg schreibt über die erste Hundertstelsekunde des Kosmos:

„Wir können ungefähr abschätzen, daß die Temperatur von 10^{32} Grad Kelvin (100 Millionen Millionen Milliarden Milliarden Grad) etwa 10^{-43} Sekunden nach dem Anfang erreicht wurde, aber dabei ist eigentlich nicht klar, ob diese Schätzung überhaupt einen Sinn hat. Welche Schleier man also im übrigen auch gelüftet haben mag – bei einer Temperatur von 10^{32} Grad Kelvin bleibt ein Schleier, der die frühesten Anfänge vor unseren Blicken verhüllt.

Möglicherweise müssen wir uns an die Vorstellung gewöhnen, daß es einen absoluten Nullpunkt der Zeit gibt – einen Augenblick in der Vergangenheit, über den hinaus es grundsätzlich unmöglich ist, die Kette von Ursache und Wirkung fortzusetzen. Die Frage ist offen, und vielleicht bleibt sie für immer offen."

Wir unternehmen den Versuch, uns über das Auftreten der Komponenten des Kosmos folgende Vorstellung zu machen:

„Am Anfang" war absolute Ordnung und absolute Energie, sie waren „ganz einfach da" – gehüllt in Steven Weinbergs Schleier.

Nach dem 2. Hauptsatz der Thermodynamik war die Entropie „am Anfang" minimal, d. h. die Ordnung des Universums war maximal oder eben absolut.

Mit dem Urknall traten die Formen des Auftretens der Energie, der Ladungen und der Ordnung auf der ersten Ebene auf.

Der Urknall war ein Geschehen. Geschehen ist Energie-umwandeln und Um-ordnen. Mit dem Urknall ist das Energie-umwandeln und Um-ordnen auf der ersten Ebene in die Welt getreten; und gewissermassen als Konsequenz dieses Auftretens könnten der Raum und die Zeit entstanden sein.

Das Entstehen und Entwickeln von Lebewesen

Kosmos-Satz 8-2
Sachverhalt der Evolution ist das Entstehen und Entwickeln von Lebewesen.

Mit anderen Worten: Sachverhalt der Evolution ist das Entstehen und Entwickeln von Wesenheiten der zweiten, biologischen Ebene, von Wesenheiten, die Träger von Ordnung und des Um-ordnens auf der zweiten Ebene sind.

Wie ist Leben entstanden? Was ist vorausgegangen? Es ist das Entstehen immer komplexerer Wesenheiten und, darauf aufgebaut, das Entstehen präbiologischer Generationenreihen.

Das Entstehen von Wesenheiten

Das Entstehen neuer Wesenheiten durch Zusammenschluß

Zusammenschlüsse im All

Zusammenschluß von Protonen und Neutronen zu Atomkernen.
Zusammenschluß von Atomkernen und Elektronen zu Atomen.
Zusammenschluß von Atomen zu Molekülen.
Zusammenschluß von Atomen und Molekülen im All zu Sternen, Planetensystemen, Sternhaufen, Galaxien und Galaxienhaufen.

Zusammenschlüsse auf der Erdoberfläche

In der Frühzeit der Erde kam es zu Zusammenschlüssen, die für die spätere biologische Evolution von entscheidender Bedeutung waren. Hätte es sie nicht gegeben, wäre die Erdoberfläche gleich den Oberflächen der meisten (oder möglicherweise aller) anderen Planeten langweilig, leblos und öd – und auch Sie und ich wären nicht.

Durch Zusammenschluß von Wasserstoff-, Kohlenstoff-, Stickstoff- und Sauerstoffatomen entstanden die Moleküle Methan (CH_4), Ammoniak (NH_3), Wasser (H_2O) und Wasserstoff (H_2).

Methan, Ammoniak und Wasser sind die Gase der Urathmosphäre, die Stanley Miller 1953 in seinem berühmten Versuch in einen Kolben eingeschlossen und während einer Woche simulierten Blitzen aussetzte. Unter dem Einfluß der elektrischen Entladungen haben sich die Methan-, Ammoniak- und Wassergase zu Aminosäuren zusammengeschlossen.

Der Beweis war geliefert: Organische Verbindungen höchster Bedeutung konnten sich unter präbiologischen Bedingungen spontan bilden.

Weitere Versuche haben bestätigt, daß sich Aminosäuren unter den Bedingungen der Uratmosphäre zu Proteinoiden und Nukleinsäuren zu Nukleotiden zusammenschließen konnten.

Proteinoide und Nukleotide sind die Bausteine der vorlebendigen Wesenheiten. Chemiker und Biologen haben in den letzten Jahrzehnten experimentell nachgewiesen, daß sich diese Bausteine vor vier bis viereinhalb Milliarden Jahren, während einer Geburtszeit von Hunderten von Millionen Jahren, auf natürliche, nicht zielgerichtete Weise bilden konnten.

Das Entstehen neuer Wesenheiten durch Wachsen und Teilen

Es sind Wesenheiten entstanden, die mit der Eigenschaft ausgerüstet waren, zu wachsen und sich zu teilen, d. h. sich zu reproduzieren, und dies unter gewissen, sich zufällig ergebenden Umweltbedingungen.

Bei der Reproduktion wurde die räumliche Anordnung einer Wesenheit (Ordnung auf der ersten Ebene) auf zwei oder mehrere neue Wesenheiten übertragen.

Bei der Reproduktion konnten geringfügige „Fehler" vorkommen, was zu geringfügig veränderten neuen Wesenheiten führte. (Bei Lebewesen bezeichnen wir diese Tatsache als Mutation).

Nehmen wir zur Veranschaulichung einen Kochsalzkristall. Ein Kochsalzkristall ist eine dichtgepackte, geordnete Anhäufung von abwechselnd Natrium- und Chlorionen, die im rechten Winkel zueinander stehen. Physiker lehren, wie Wachsen und Teilen bei einem Kochsalzkristall vor sich gehen.

Wachsen:

Wenn im Wasser treibende Ionen zufällig auf die harte Oberfläche des Kristalls stoßen, bleiben sie gewöhnlich hängen, um den Beginn einer neuen Schicht des Kristalls, genau gleich der unteren, auszulösen. Sobald ein Kristall sich einmal herauszubilden beginnt, wächst er, und jede Schicht ist gleich der Schicht darunter. Unser ursprünglicher Kochsalzkristall kann in seiner Anordnung kleinste Abweichungen von der Regelmäßigkeit enthalten. Die hängengebliebenen Ionen, welche die nächste Schicht bilden, kopieren die Anordnung samt den Abweichungen, und so geht das Kopieren weiter, Schicht um Schicht.

Sich teilen:

Der gewachsene Kristall bricht auseinander.

Wieder wachsen:

Die beiden Kristallhälften wachsen wieder im oben beschriebenen Sinne.

Sich wieder teilen:

Die gewachsenen Kristallhälften brechen wieder auseinander.

Wachsen und Teilen ist Energie-umwandeln und Um-ordnen auf der ersten Ebene.

Was haben die „Großkinderkristalle" von ihrem „Großmutterkristall" „geerbt"? Es war die Ordnung auf der ersten Ebene, d. h. es war die regelmäßige Anordnung der Natriumionen und Chlorionen samt ihren kleinen Abweichungen, die „vererbt" wurde.

Auch bei dem sehr viel später auftretenden DNA-Riesenmolekül, das sich längs teilt, wobei die beiden Hälften wieder wachsen, wird grundsätzlich auf dieselbe Art Ordnung auf der ersten Ebene übertragen – hier wird die Anordnung der vier DNA-Basen Adenin, Thymin, Guanin und Cytosin entlang des DNA-Riesenmoleküls fast fehlerfrei übertragen.

Das Auftreten präbiologischer Generationenreihen

Kumulative Selektion

Mikrobiologen geben uns zu bedenken, daß die DNA und ihre auf Eiweiß beruhende Replikationsmaschine niemals durch Zufall entstehen konnte. Die einfachsten Bakterien sind bei weitem zu komplex, als daß ihre Urahnin, die Urzelle, zufällig in einem Schritt hätte entstehen können.

Aber wie denn? Wie kam es zur Urzelle? Wir schenken den Wissenschaftlern Glauben, die darlegen, daß des Rätsels Lösung die kumulative Selektion sei. Kumulative Selektion bereits in der präbiologischen Phase der Erde, sie mag vor ungefähr 4 bis 4,5 Milliarden Jahren begonnen haben und dauerte 500 bis 1000 Millionen Jahre.

Richard Dawkins schreibt im Buch „Der blinde Uhrmacher":

„Kumulative Selektion ist der Schlüssel zu allen modernen Erklärungen des Lebens. Sie verbindet eine Reihe von akzeptablen glücklichen Ereignissen (Zufallsmutationen) miteinander zu einer nicht zufälligen Sequenz, so daß am Ende dieser Sequenz das fertige Produkt den Eindruck vermittelt, als sei es tatsächlich in sehr, sehr großem Maße dem Glückszufall zuzuschreiben und bei weitem zu unwahrscheinlich, um allein durch Zufall entstanden zu sein, selbst wenn man eine Zeitspanne zugesteht, millionenmal länger als das Alter des Universums. Kumulative Selektion ist der Schlüssel, aber sie mußte erst einmal einsetzen, und wir kommen nicht um die Notwendigkeit herum, ein Ein-Schritt-Zufalls-Ereignis bei der Entstehung der kumulativen Selektion selbst vorauszusetzen."

Kumulative Selektion ist die fortwährende Einteilung der verschiedenartigen, durch Reproduktion entstandenen Wesenheiten in solche, die fähig sind, sich selbst zu reproduzieren, und solche, die dazu nicht fähig sind.

Wir werden wohl nie wissen, wie die kumulative Selektion tatsächlich in Gang kam. Erstens ist es lange her, zweitens dauerte diese Phase der Evolution sehr lange, drittens waren die Bedingungen der Uratmosphäre völlig andere als heute, viertens können sich die Forscher nicht auf Mikrofossilien stützen, und fünftens standen sicher eine Vielzahl von (akzeptablen) Ein-Schritt-Zufalls-Ereignissen Pate an der Wiege der kumulativen Selektion.

Manfred Eigen stellt Hyperzyklen an den Anfang. Gemeinschaften von Makromolekülen, die gegenseitig kooperierten. Katalytische Kreise aus informationstragenden, sich selbst vervielfältigenden Molekülen.

Graham Cairns-Smith glaubt, daß die DNA/Protein-Maschine erst relativ spät entstand. Vor ihr gab es viele Generationen kumulativer Selektion, die auf irgendwelchen völlig anderen, sich selbst reproduzierenden Einheiten beruhte – auf sich selbst verdoppelnden anorganischen Kristallen, zum Beispiel Silikaten. Die DNA-Maschinerie war seiner Meinung nach ein Neuankömmling, der die Rolle des Replikators von einem früheren und noch gröberen Replikator übernommen hatte.

Auftreten von Ordnung auf der zweiten Ebene

Unzählige Wesenheiten müssen über Jahrmillionen durch Reproduktion entstanden sein, aber bei den allermeisten kam die Reproduktion bereits nach der ersten oder den ersten wenigen Generationen zum Stillstand.

Im Vergleich mit der überwiegenden Zahl von Wesenheiten, deren Reproduktion sehr bald steckengeblieben war, konnten es einige wenige Wesenheiten besser; durch Reproduktion waren sie in der Lage, lange Generationenreihen zu bilden.

Dieses vergleichsweise Besserkönnen ist eine Fähigkeit. Der *chemisch/physikalischen Eigenschaft,* sich zu reproduzieren, wurde die *Fähigkeit* zur Reproduktion überlagert.

Die Glieder langer präbiologischer Generationenreihen hatten die Fähigkeit, sich zu reproduzieren, oder, verallgemeinert gesagt, sie hatten die Fähigkeit, etwas zu erreichen.

Das „etwas erreichen" ist gleichbedeutend mit „ein Ziel erreichen". Diese Glieder hatten die Fähigkeit, ein Ziel zu erreichen. Das Ziel war, sich zu reproduzieren. Die Fähigkeit, ein Ziel zu erreichen, ist eine Ordnung auf der zweiten Ebene. Wir nehmen an, daß bei diesen ausgewählten Gliedern Ordnung auf der zweiten Ebene erstmals aufgetreten ist.

(Vergl. Kosmos-Sätze 6.2-1 und 6.2-2)

Über zwei, fünf, zehn oder gar zwanzig Generationen mag die Reproduktion auf rein zufälligen, *chemisch/physikalischen* Einzelereignissen beruht haben, aber die ununterbrochene Reproduktion über Zehntausende und Hunderttausende von Generationen setzt die *Fähigkeit* seiner Glieder voraus, sich reproduzieren zu können.

Glieder einer langen präbiologischen Generationenreihe hatten die Fähigkeit, sich zu reproduzieren, weil nur Glieder mit der Fähigkeit zur Reproduktion eine lange präbiologische Generationenreihe bilden konnten.

Eine Tautologie, aber diese Tautologie bringt zum Ausdruck, daß der Umstand, daß es höchstwahrscheinlich lange vorlebendige Generationenreihen gegeben hat, in sich einschließt, daß deren Glieder die Fähigkeit zur Reproduktion haben mußten.

Die Fähigkeit, sich zu reproduzieren, wurde folglich nicht durch irgendeine außenstehende Macht gesetzt (dies kann allerdings kein Mensch beweisen), sondern ist Ergebnis der kumulativen Selektion.

Fazit

Auf unserem Planeten hat sich völlig Neues dem vorher Dagewesenen überlagert. Dieses Neue hat sich über eine Zeitspanne von 500 bis 1000 Millionen Jahren in winzig kleinen Schritten entwickelt: Die Glieder langer präbiologischer Generationenreihen waren die ersten Wesenheiten der zweiten Ebene, sie waren Träger der Ordnung und des Um-ordnens auf der zweiten Ebene.

Schließlich haben die Glieder *einer einzigen* dieser unzählig vielen präbiologischen Generationenreihen die Urzelle hervorgebracht. Und diese Glieder sind die ersten gemeinsamen „Vorfahren" aller Pflanzen und aller Tiere und von Ihnen und von mir.

Mit der Geburt der Urzelle ist das entstanden, was wir Leben nennen.

Tatsachen und Hypothesen

Was ist in der Entwicklungsgeschichte von der leblosen Natur bis zur Urzelle gesichert und was muß Hypothese bleiben?

Tatsachen:

– In der Uratmosphäre konnten sich Protenoide und Nukleotide bilden.
– Es gibt Wesenheiten – beispielsweise Kristalle -, die wachsen und sich teilen können,
– beim Schaffen und übermitteln von Ordnung können „Fehler" entstehen,
– es gibt drei Milliarden Jahre alte Mikrofossilien von Bakterien und
– die Ordnung und das Um-ordnen, d.h. der Bau und die Funktion der heute lebenden Einzeller ist bekannt.

Hypothese:

– Die kumulative Selektion.

Die kumulative Selektion muß die gewaltige Entwicklung von den proteinoiden und Nukleotiden zur Urzelle erklären. Ein Geschehen, welches J. Monod als unerklärlich deklarierte.

Das Entstehen der Arten

Seit Charles Darwin wissen wir: Die gewaltige Vielfalt der Arten ist durch zufällige Mutation und nicht zufällige Selektion entstanden.

Alle Bakterien-, Cyanobakterien-, Protozoen-, Pilz-, Pflanzen-, und Tierarten, Menschen eingeschlossen, unterscheiden sich durch ihre verschiedenartigen Teilziele des Überlebensziels und durch ihre verschiedenartigen Fähigkeiten, die Teilziele des Überlebensziels zu erreichen.

Die Vielfalt der Ordnung und des Um-ordnens auf der zweiten Ebene, wie sie sich in allen Lebewesen manifestiert, ist eine Weiterentwicklung der Ordnung und des Um-ordnens auf der zweiten Ebene, wie sie bei der Urzelle auftrat. Allerdings haben möglicherweise Nachkommen der Urzelle Wesenheiten einverleibt, die eine selbständige Entwicklung hinter sich hatten. Man denkt hier an die Mitochondrien.

Das Entstehen und Entwickeln der Menschheit

Kosmos-Satz 8-3
Sachverhalt der Evolution ist das Entstehen und Entwickeln der Menschheit.

Sachverhalt der Evolution ist das Entstehen und Entwickeln der Menschheit als Träger der Ordnung und des Um-ordnens auf der dritten, mentalen Ebene. (Vergl. Kosmos-Sätze 6.3-1 und 7.3-1)

Wie konnte Ordnung auf der mentalen Ebene entstehen? Wie ist es zum Denken gekommen? Wie ist es zu höherem Bewußtsein gekommen? Wir stellen die Hypothese auf, daß das Setzen von Teilzielen des Überlebensziels am Anfang der mentalen Entwicklung stand und dem allgemeinen Denken über „Gott und die Welt" vorausging.

Wie kam es von der bloßen *Wahl* eines angeborenen Teilziels des Überlebensziels zum *Setzen* eines neuen Teilziels des Überlebensziels? Welche Schritte mußten zusätzlich getan werden? Hier ein Vergleich:

Wahl eines Teilziels des Überlebensziels der Meise	*Setzen* eines Teilziels des Überlebensziels eines Hominiden
– Wahrnehmen der Umwelt	– Wahrnehmen der Umwelt
– Erinnern	– Erinnern
	– Kreieren von Zielalternativen
	– Aufstellen von Bewertungskriterien
– Unbewußtes Bewerten der angeborenen Zielalternativen, aus welchem sich die Wahl ergibt	– Bewußtes Bewerten der neuen Zielalternativen, aus welchem sich die Wahl ergibt

(Vergl. Komossätze 7.2-7 und 7.3-2)

Die neuen Schritte, welche die Hominiden gegenüber z. B. einer Meise getan hatten, waren das Kreieren von Zielalternativen, das Aufstellen von Bewertungskriterien und das bewußte Bewerten neuer Zielalternativen. Dazu ist die Meise nicht fähig, sie wird durch ihren Trieb getrieben, zur richtigen Zeit ein Ziel zu erreichen, und sie tut instinktiv das Richtige, wie wir am Beispiel des Nestbaus gesehen haben.

Wie aber steht es bei unseren nächsten Verwandten, den Schimpansen?

Werkzeuggebrauch bei Schimpansen

Wir zitieren aus dem Buch „Wie Affen die Welt sehen" von Dorothy Cheney und Robert Seyfarth, das gestützt auf 15 Jahre Forschung mit Affen in freier Wildbahn geschrieben wurde.

„Schimpansen an der Elfenbeinküste illustrieren durch das Benutzen von einfachen Hämmern und Ambossen zum Knacken von Nüssen Voraussicht bei der Auswahl geeigneter Materialien und ein genaues räumliches Gedächtnis hinsichtlich ihres Wohngebietes. Am Beginn einer typischen Nußknacker-Sitzung sammelt ein Schimpanse so viele Nüsse einer bestimmten Sorte, wie er tragen kann, und bringt sie zu einem breiten, flachen Stein oder einer Bodenwurzel, die als Amboß dient. Wenn die Nüsse von der ganz harten Sorte sind, läuft der Schimpanse oft mehr als 40 Meter, um den geeigneten Steinamboß zu finden. Der Weg, den das Tier nimmt, deutet darauf hin, daß es eine mentale Landkarte der Gegend besitzt, die es ihm erlaubt, Distanzen zwischen Bäumen und Steinen zu vergleichen und so die Wegstrecke so kurz wie möglich zu halten (Boesch und Boesch 1984). Oft liegt schon ein Holzknüppel oder Stein neben dem Amboß, aber in anderen Fällen sucht der Schimpanse sich erst einen Hammer und trägt ihn dann zusammen mit den Nüssen zum Amboß … Schimpansen, die Termiten angeln und Hämmer benützen, sind die einzigen Primaten, die bestimmte Objekte als Werkzeuge auswählen, sie entsprechend zurichten, und dies alles auf eine Weise, die Voraussicht verrät."

Wir folgern aus diesem Zitat: Erste Spuren eines *Setzens* von Zielen finden wir bei heute lebenden Schimpansen. Das *Setzen* von Zielen hält sich jedoch in sehr engen Grenzen. Ob bereits der gemeinsame Vorfahre von uns Menschen und den Schimpansen diese Fähigkeit hatte, wissen wir nicht.

Kampfziele der Affen, Menschenaffen, Hominiden und Menschen

Am Beispiel des Kämpfens gegen Beutetiere, Freßfeinde und Artgenossen versuchen wir, die Grenze zwischen wesenseigenen und selbst gesetzten Zielen zu ziehen, und wir fragen uns, wie das Setzen von Zielen, d. h das Um-ordnen auf der dritten, mentalen Ebene aus rudimentären Anfängen heraus, hätte entstehen können.

Wesenseigene Teilziele der Kampfziele

Kampfziele waren ursprünglich ausschließlich angeborene Teilziele des Überlebensziels von Tieren mit Gehirnen. Wesenseigene Teilziele der Kampfziele sind:
- zu stechen,
- zu zerren,
- zu kratzen,
- zu beißen,
- zu ringen und
- ohne Waffen zu schlagen.

Tiere hatten je nach Art die Fähigkeit, eines oder mehrere dieser Teilziele zu erreichen. Ameisen haben die Fähigkeit zu zerren, Wespen zu stechen, Katzen zu kratzen, Hunde zu beißen und Affen zu ringen und ohne Waffen zu schlagen.

Selbst gesetzte Teilziele der Kampfziele

Auf dem langen Weg der Entwicklung vom Affen zum Menschen sind zu den wesenseigenen Zielen selbst gesetzte Ziele hinzugekommen. In einer ersten Phase könnte das selbst gesetzte Teilziel gewesen sein:

- mit Steinen und Stöcken zu schlagen.

Menschenaffen und Hominiden hatten die Fähigkeit, sich das Ziel zu setzen, mit Steinen und Stöcken zu schlagen. Zum wesenseigenen Ziel, einfach mit den Vorderbeinen/Armen dreinzuschlagen, kam das selbst gesetzte Ziel, mit „Waffen" zu schlagen. Steine oder Äste mußten *bewußt* ergriffen werden, um mit ihnen schlagkräftiger zuschlagen zu können. Es brauchte einen Plan, es brauchte Kreativität. Liegt wohl hier der Anfang der rasanten Entwicklung der Fähigkeit, Ziele selber zu setzen?

Nächstes Teilziel war:

- mit Steinen zu werfen.

Die Fähigkeit, dieses Ziel zu setzen und mit zunehmender Treffsicherheit zu erreichen, war ein weiterer großer Entwicklungsschritt. W. Calvin schreibt: „Im Gegensatz zu anderen Bewegungen, etwa dem Gehen oder dem Abpflücken von Früchten, erfordert eine ballistische Bewegung bestimmt eine enorme neuronale Maschinerie für die Vorausplanung. Das liegt daran, daß die ballistischen Bewegungen so schnell sind, während die Bahnen für die Rückkoppelung verhältnismäßig langsam sind. […] Die Rückmeldung kann Ihnen vielleicht helfen, den nächsten Wurf zu planen, aber sobald Sie mit dem Wurf beginnen, müssen Sie sich an den Plan halten, den Sie aufgestellt haben, als Sie sich startklar machten. […] Unsere Planungsschlange für eine ballistische Bewegung muß Dutzende von Muskeln berücksichtigen und sie zum genau richtigen Zeitpunkt mit der genau richtigen Härte und für die genau richtige Dauer aktivieren. Während wir uns startklar machen, arbeiten wir einen genauen Plan aus, um ohne Rückkoppelung zu agieren. Die Handlung selbst ist eine sorgfältig abgestimmte raumzeitliche Sequenz, vergleichbar mit einem Feuerwerksfinale, das von einem halben Dutzend Plattformen in Gang gesetzt wird."

Die weiteren selbst gesetzten Teilziele der Kampfziele waren:

- mit Steinschleudern zu schießen (Menschen und evtl. Hominide),
- Pfeile zu werfen (Menschen und evtl. Hominide),
- mit Pfeil und Bogen zu schießen (Menschen und evtl. Hominide),
- mit eisernen Spießen und Äxten zu kämpfen (nur Menschen),
- mit Pulver zu schießen, zunächst aus Gewehren und stationären Kanonen, später unter Einsatz von Schiffen, Panzern, Flugzeugen und Raketen, und
- die Atomenergie zur Zerstörung zu nutzen.
  Die selbst gesetzten Teilziele sind chronologisch aufgeführt.

Bewertungskriterien für das Setzen von Teilzielen der Kampfziele

Die Bewertungskriterien sind:
- hohe Zerstörungsleistung,
- hohe Zielgenauigkeit,
- Überraschung des Feindes und
- minimale eigene Verletzlichkeit.
  Bereits für die Hominiden bildeten diese Bewertungskriterien die Grundlage für die Wahl ihrer Teilziele – selbstverständlich waren sie sich dieser Kriterien nicht bewußt, handelten aber intuitiv danach.
  Die Bewertungskriterien wurden im Laufe der Zeit immer besser erfüllt. „Besser" im Sinne von technisch überlegen oder im Sinne des „survival of the fittest".

Mit dem Bau der Atomwaffen wurde das Kriterium „hohe Zerstörungsleistung" optimal erfüllt, aber das Kriterium „minimale eigene Verletzlichkeit" ist in extrem hohem Maße nicht mehr erfüllt – die ganze Menschheit könnte ausgelöscht werden.

Gehen wir zurück zu den Anfängen der mentalen Evolution.

Wie ist das Setzen von Kampf-Teilzielen entstanden?

Oder anders, weittragend und grundsätzlich gefragt: Wie ist Um-ordnen auf der dritten, mentalen Ebene nach rudimentären Anfängen, in vergleichsweise sehr kurzer Zeit, entstanden?

Wir wissen es nicht, wagen aber die folgenden Spekulationen: Einzelne Menschenaffen sind dazu übergegangen, aufrecht zu gehen und ihre Vorderbeine/Arme zum Gebrauch von „Waffen" im Kampf gegen Beutetiere, Freßfeinde und Artgenossen zu nutzen.

Die Paläanthropologen bezeichnen die Nachkommen dieser kleinen Gruppe von Menschenaffen als Hominiden und nehmen an, daß die Abspaltung vor fünf bis sieben Millionen Jahren begonnen hat.

Es ist möglich, daß der aufrechte Gang zunächst einmal zufällig praktiziert wurde, z. B. um mit Zweigen und Ästen bewaffnet zu imponieren. Dann wurde dieses Vorgehen durch Gleichaltrige der Gruppe nachgeahmt und von Generation zu Generation weitergegeben. Dann kam die Nutzung der Arme zum Schlagen und zum Werfen von Steinen. Die rasante Entwicklung der Kampftüchtigkeit der Hominiden hatte begonnen. War es wirklich das Setzen und Erreichen von Kampf-Teilzielen, mit welchem der Höhenflug des menschlichen Geistes begonnen hat? Hat sich hier der Mensch vom Tier abgehoben?

Ob am Anfang der mentalen Evolution das Setzen von Kampf-Teilzielen oder das Setzen anderer Teilziele des Überlebensziels stand, ist letztlich irrelevant, wichtig ist einzig unsere (nicht beweisbare) Annahme, daß das Menschsein mit dem Setzen von Teilzielen des Überlebensziels begann.

Der Fortgang der mentalen Evolution

Die mentale Evolution konnte aufgrund der biologischen Evolution auftreten, und diese setzte ihrerseits eine physikalische Evolution voraus.

Die physikaliche Evolution brachte den Hominiden und Menschen:

- neue Anordnungen und neue Impulse ihrer Teilwesenheiten und
- neue Änderungen der Anordnungen und Impulse ihrer Teilwesenheiten.

Die biologische Evolution brachte den Hominiden und Menschen:
- die Vergrößerung ihrer Hirnvolumen,
- den Zusammenschluß von Interneuronen zu neuen Neuronengruppen, das Entstehen neuer synaptischer Verbindungen, neuer Muster von aktiven und inaktiven Neuronen und neuen seriellen Sequenzen,
- die Anpassung ihres Körperbaus und Bewegungsapparats an den aufrechten Gang,
- die Umwandlung ihrer Vorderbeine in Arme, Hände und Finger, Hände mit verlängerten und abgewickelten Daumen und
- die Fähigkeit, Sprechlaute zu bilden.

Die mentale Evolution brachte den Hominiden und Menschen:
- das Setzen und Erreichen von laufend verbesserten Kampf-Teilzielen,
- das Setzen weiterer Teilziele des Überlebensziels (z. B. das Feuer zu nutzen, Felle zu tragen und Hütten zu bauen),
- das Setzen und Erreichen von Zielen, die unabhängig vom Überlebensziel waren,
- das Denken allgemein,
- das höhere Bewußtsein und
- das Sprechen als Mittel zur Kommunikation.

Die kulturelle Evolution ging mit der mentalen Evolution einher; haben wir doch in Kosmos-Satz 6.3-13 Kultur als die Summe aller von Menschen gesetzten und erreichten Ziele definiert.

Religion, Philosophie, Kunst, Wissenschaft und Technik gesellten sich zum reinen Kampf ums Überleben.

Die Kosmos-Sätze und mein Weltbild

Die Grundlagen meines Weltbildes

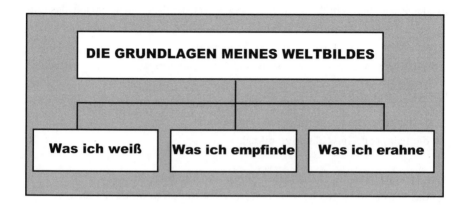

Wissen, Empfinden und Erahnen bilden die Grundlagen des Weltbildes jedes Menschen. Welche der drei Grundlagen ist dominierend?

Beim kühlen Denker ist sein Wissen die dominierende Grundlage, beim tief religiösen Menschen ist es sein Glaube.

Es können aber auch Gefühle sein, die das Weltbild eines Menschen bestimmend prägen.

Ist bei mir eine der drei Grundlagen dominierend? Ich glaube nicht, auch wenn ich in dieser Schrift fast ausschließlich auf wissenschaftliche Erkenntnisse und ihre Einflüsse auf mein Weltbild eingehe.

Was ich weiß

Was ich auf den Gebieten der Kosmologie, Physik, Chemie, Biologie, Physiologie, Hirnforschung, Evolutions- und Verhaltenslehre gelesen habe, habe ich versucht, in den Kosmos-Sätzen zu vernetzen.

Die Vernetzung kam zustande:

1. durch die Identifikation der Komponenten des Kosmos,
2. durch die Einführung des Begriffs Wesenheit,
3. durch das Hervorheben der Bedeutung von Zielen,

4. durch die Feststellung, daß Ordnung und das Um-ordnen auf drei einander überlagerten Ebenen auftreten kann, und

5. durch die Berücksichtigung der wichtigsten Sachverhalte der Evolution.

Was bieten mir die Kosmos-Sätze?

Brücken zu schlagen zwischen der Welt der Physik, der Welt des Lebens und der Welt des Geistes ist für mich ein zentrales Anliegen; die Kosmos-Sätze bieten mir diesen Brückenschlag.

Die Kosmos-Sätze dienen meinem Selbstverständnis, und sie helfen mir, bis zum einfachen Kern der Sache vorzustoßen.

Die Kosmos-Sätze erlauben mir, zu wichtigen Themen Stellung zu beziehen.

Im folgenden Kapitel „Ich als Wesenheit" versuche ich, mich ins Ganze einzuordnen. Anschließend beziehe ich Stellung zu den Themen:
- Willensfreiheit,
- Individuum und Gemeinschaft,
- Macht und Freiheit und
- Geist und Materie.

Die Kosmos-Sätze bilden die Grundlage für meine persönlichen Stellungnahmen, ihre Richtigkeit ist Voraussetzung für meine Argumentation.

Was ich empfinde

Ich habe Gefühle und Empfindungen, die sich wahrscheinlich nur wenig von jenen höherer Tiere unterscheiden: Hunger, Durst, Lust und Schmerz, Angst, Freude und Leid, um nur einige zu nennen.

Dann habe ich Gefühle und Empfindungen, die einzig „Produkte" meiner menschlichen Psyche sind. Zuoberst steht die Liebe. Es ist auch all das, was ich empfinde, wenn ich die Schönheit der Natur oder die Kraft und Schönheit von Musik, Dichtung und bildender Kunst auf mich wirken lasse.

Diesen schönen Gefühlen stehen unschöne gegenüber: Haß, angeekelt sein, Neid, deprimiert sein etc.

Empfindungen und Gefühle prägen mein Weltbild mit, und dies vielleicht in stärkerem Maße, als mir bewußt ist.

Was ich erahne

Ich erahne, daß es letzte Dinge gibt, Transzendentes, welches dem menschlichen Intellekt nicht zugänglich ist – unerfaßbare Wahrheiten – Gott.

Nach Albert Einstein ist Religiosität „das Wissen um die Existenz des für uns Undurchdringlichen, der Manifestationen tiefster Vernunft und leuchtendster Schönheit, die unserer Vernunft nur in ihren primitivsten Formen zugänglich sind".

Auf die telegrafische Anfrage eines amerikanischen Rabbi, ob er an Gott glaube, antwortet Einstein: „Ich glaube an Spinozas Gott, der sich in der gesetzlichen Harmonie des Seienden offenbart, nicht an einen Gott, der sich mit den Schicksalen und Handlungen der Menschen abgibt."

(Zitiert aus dem Buch von Hans Küng „Existiert Gott?".)

Meine eigene Religiosität geht in dieselbe Richtung, ist aber vager, und ich hinterfrage sie ständig. Ich bin Agnostiker.

Da hat es der Fundamentalist leichter, der hinten auf seinem Auto den Aufkleber aufgebracht hat: „God said it, I believe it, and that's that".

Die unheilvolle Vermischung von Glauben und Wissen

Es ist interessant zu erfahren, was Wissenschaftler glauben. Es ist aber höchst verwirrend, wenn Wissenschaftler die Grenzen des Wissens überschreiten und, kraft ihrer wissenschaftlichen Kompetenz in ihrem Fachgebiet, ihre Meinung zu letzten Dingen als unumstößliches Wissen anbieten.

Ebenso verheerend sind religiöse Fundamentalisten, die sich anmaßen, wissenschaftliche Erkenntnisse zu verdammen, wenn sie nicht in ihr Dogma passen.

Die Beschäftigung mit den Kosmos-Sätzen haben mir klar den Trennstrich zwischen meinem Wissen und meinem Erahnen aufgezeigt, wobei ich zugeben muß, daß im Laufe meines Lebens mein Wissen nicht ohne Einfluß auf mein Erahnen war.

Ich als Wesenheit

Ich bin eine Wesenheit

Ich bin eine Wesenheit der dritten Ebene.

Ich bin bestimmt durch meine Auftrittsformen der Energie und des Energie-umwandelns, durch meine Ladungen, durch meine Ordnungen und mein Um-ordnen auf der physikalischen Ebene und, ihnen überlagert, auf der biologischen und der mentalen Ebene.

Ich bin eine Wesenheit mit meinem Körper, meinem *Ich,* meinem *Selbst,* meiner Persönlichkeit, meinem Charakter, meinem Bewußtsein, meinem Geist, meiner Seele, meinem Selbstbewußtsein, meinen Fähigkeiten etc.

Mein Ich und mein Selbst

Ich zitiere C. G. Jung aus dem Buch „Psychologie und Religion":

„Wir können annehmen, daß die menschliche Persönlichkeit aus zweierlei besteht: erstens aus dem Bewußtsein und allem, was dieses umfaßt, und zweitens aus einem unbestimmbaren großen Hinterland unbewußter Psyche. Die bewußte Psyche kann mehr oder weniger genau bestimmt und abgegrenzt werden; wenn es sich aber um die Gesamtheit der menschlichen Persönlichkeit handelt, muß die Unmöglichkeit einer vollständigen Beschreibung zugegeben werden. Mit anderen Worten, es gibt unvermeidlicherweise ein unbegrenzbares und undefinierbares, zusätzliches Etwas zu jeder Persönlichkeit insofern, als letztere aus einem bewußten, beobachtbaren Teil besteht, welcher gewisse Faktoren nicht enthält, deren Existenz wir jedoch gezwungen sind anzunehmen, um gewisse Tatsachen zu erklären. Die unbekannten Faktoren bilden das, was wir als den unbewußten Anteil der Persönlichkeit bezeichnen."

Meine Persönlichkeit besteht aus meinem *Ich* und meinem *Selbst.* Aus dem *Ich* „mit Bewußtsein und allem, was dieses umfaßt", und aus dem übergeordneten *Selbst* „als dem Zentrum der ganzen, unbegrenzten und undefinierbaren psychischen Persönlichkeit".

Ich als Teilwesenheit des Ganzen

Ich bin mit meiner ganzen Wesenheit Teilwesenheit des Ganzen.

Diese Aussage hat für mich einen mystisch-religösen Aspekt, denn das Ganze und Gott könnten eins sein, wie es die Pantheisten meinen.

Ich erahne, daß ich als winziges, während eines kosmischen „Augenblicks" existierendes Körnchen ins große Ganze eingebunden bin; ins Ganze, das von Ewigkeit zu Ewigkeit reicht. Dieses Erahnen beeinflußt meine Einstellung gegenüber dem Leben und dem Geheimnis des Todes. Als Wesenheit bin ich beschränkt, beschränkt in meinem Erkennen, beschränkt in meinem Wissen, beschränkt in meinem Tun, beschränkt in Raum und Zeit – ich habe einen Anfang, ein Leben und ein Ende.

Mit meinem Tode geht mein Leben zu Ende. Der Gedanke an ein einseitiges Weiterleben meiner Seele nach dem Tode, d. h. nach dem Stillstand all meiner Energie-umwandlungen und nach dem Stillstand meines Um-ordnens auf der ersten Ebene, ist für mich nicht nachvollziehbar.

Trotzdem, als Teilwesenheit des Ganzen fühle ich mich irgendwie „aufgewertet" und auf unfaßbare Weise mit dem Unfaßbaren verbunden.

Ich als Teilwesenheit meiner maternalen Ahnenreihe

Ich habe eine andere maternale Ahnenreihe als meine Großtochter Lou (siehe Anhang). Meine verliert sich im Emmental, diejenige von Lou in der Gegend von Bergamo.

Vielleicht hatten wir in längst vergangener Zeit identische Ur-mütter, sicher ist, daß unsere Ur-mütter wenn nicht identisch, so doch nahe Verwandte waren.

Genau wie Lou und ich sind alle anderen Lebewesen – sei es eine Milbe, eine Mohnblume oder eine Meise – Glieder einer *ununterbrochenen* Ahnenreihe, die zurückreicht bis zum ersten erfolgreichen Teilen und Wachsen. Ahnenreihen sind die wunderbarsten und interessantesten Wesenheiten des Kosmos. Ihr *ununterbrochenes* fast identisches Weitergeben der Ordnung über Milliarden von Jahren sind einmalige Erfolgsstories.

Über Milliarden von Jahren haben meine Ur-mütter *ununterbrochen* ihre Ordnung auf der ersten und zweiten und schließlich auf der ersten, zweiten und dritten Ebene an ihre Töchter fast fehlerfrei weitergegeben bis hin zu mir mit meiner einmaligen (guten und schlechten) Ordnung.

Meine Teilwesenheiten

Meine Finger, meine Arme, meine Beine, meine Augen, meine Ohren, mein Herz und meine Nieren, alles sind Teilwesenheiten von mir, Teilwesenheiten mit ihren Fähigkeiten, Ziele zu erreichen.

Verliere ich Finger, Arme oder Beine, Augen oder Ohren, dann bin ich behindert, aber ich bleibe, wer ich bin.

Verlieren beide Nieren oder mein Herz die Fähigkeit, ihre Ziele zu erreichen bzw. selbstgeregelt zielgerichtet zu funktionieren, dann wird mir, um weiterleben zu können, eine Niere oder ein Herz eines anderen Menschen transplantiert. Trotz fremden Herzens oder fremder Niere bleibe ich, wer ich bin. Ist doch das wesenseigene Ziel meines Herzens einzig und allein, Blut zu pumpen.

Mein Gehirn

Das Gehirn, als Teilwesenheit von mir, verlangt eine sehr viel differenziertere Betrachtungsweise als mein Herz und meine Leber. Sicher ist es nicht austauschbar – angenommen, es wäre technisch möglich, dann wäre ich mit einem fremden Gehirn ein anderer Mensch.

Soweit das Gehirn als Organ zur Steuerung somatischer Prozesse seine Dienste leistet, unterscheidet es sich nicht grundsätzlich von meinen anderen Organen.

Ganz anders mein Gehirn als Sitz meines *Ich* und meines *Selbst,* das Gehirn als Sitz meiner psychischen Persönlichkeit. Es kann nicht unabhängig von mir, sondern nur zusammen mit mir als Einheit betrachtet werden.

Mein Herz pumpt Blut. Können wir analog dazu sagen, mein Gehirn denkt? Nein, es ist nicht mein Gehirn, das denkt, sondern die Einheit *Ich* und mein Gehirn denkt – und diese Einheit bin ich, der Mensch.

Ich als Teilwesenheit menschlicher Gemeinschaften

Ich bin ein soziales Wesen, ich bin Teilwesenheit menschlicher Gemeinschaften und Institutionen. Ich bin mit einem Anteil von mir Teilwesenheit meiner Familie, meines Freundeskreises, meiner Firma, meiner Vereine, meiner Gemeinde und meines Heimatlandes.

Ich bin nur mit einem Anteil meiner Wesenheit Teilwesenheit einer dieser Gemeinschaften, wogegen ich mit meiner ganzen Wesenheit, mit meiner ganzen Persönlichkeit, Teilwesenheit des Ganzen bin.

(Vergl. Komossatz 2-3)

Zum Thema Willensfreiheit

Rufen wir uns zunächst diejenigen Kosmos-Sätze in Erinnerung, die für unser Thema von Bedeutung sind:

Kosmos-Satz 6.3-6 sagt aus: „Wille ist die Fähigkeit des Menschen, Ziele setzen und Ziele erreichen zu wollen."

Kosmos-Satz 6.3-7 definiert Willensfreiheit „als das Vermögen des Menschen, nach freier Wahl Ziele setzen zu können".

Und Kosmos-Satz 7.3-2 zeigt auf, wie der Mensch ein Ziel setzt: „durch Wahrnehmen der Umwelt, durch Erinnern an Erfahrenes, durch Kreieren von Zielalternativen, durch Aufstellen von Bewertungskriterien und durch Bewerten der Zielalternativen, aus welchem die Wahl resultiert".

Nun zur heiklen Frage, haben wir einen freien Willen, ja oder nein?

Zwei einfache Feststellungen, die wohl kaum angezweifelt werden können:

Erstens: Ich will, was ich will.

Zweitens: Ich kann nicht wollen, was ich nicht will.

Beispiele

1. Ich will von A nach D fahren. Zwei gleichwertige Wege führen nach D, der eine über B, der andere über C.

Ich wähle den Weg ACD. Meine Wahl erfolgt rein zufällig, da ich keine Präferenz für den einen oder anderen Weg habe.

2. Meine Frau und ich beschließen, heute abend gemeinsam ins Kino zu gehen. Meine Frau will Film X ansehen, ich will Film Y sehen. Meine Frau überläßt mir den Entscheid, Film X oder Film Y zu besuchen.

Ich stelle die folgenden Bewertungskriterien auf:
– meine Bevorzugung von Film Y,
– eine zufriedenere Frau, wenn wir Film X besuchen.

Die Bewertung ergibt, daß mir eine zufriedenere Frau wichtiger ist als meine Bevorzugung des Filmes Y.

Ich wähle, Film X zu besuchen.

3. Ich esse kein Pferdefleisch, weil mich bereits der Gedanke an Pferdefleisch abstößt.

4. Faust sagt:

„Zwei Seelen wohnen, ach, in meiner Brust,
Die eine will sich von der andren trennen:
Die eine hält in derber Liebeslust
Sich an die Welt mit klammernden Organen;
Die andre hebt gewaltsam sich vom Dust
Zu den Gebilden hoher Ahnen."

Nach durchgeführter Bewertung hat sich Faust für eine der „Seelen" entschieden, er wählte, Liebeslust zu erleben (und Gretchen hatte die Konsequenzen zu tragen).

Ich will, was ich will

1. Ich will von A nach D gelangen, ob über B oder C ist dem Zufall überlassen.

2. Ich will Film X anschauen.
Ich will eine zufriedene Frau, ich will ihr Freude bereiten, dies ist mir wichtiger, als den von mir bevorzugten Film Y anzusehen.

3. Ich will kein Pferdefleisch essen.

4. Faust will Liebeslust.

Der Mensch will das, was er will, macht das, was ihm nützt, macht das, was ihn befriedigt. Dies trifft selbst für den allergrößten Altruisten zu, denn er will Altruist sein. Und es trifft für den verantwortungsbewußtesten Menschen zu, denn er will pflichtbewußt seine Ziele wählen.

Deshalb Kosmos-Satz 6.3-8: „Der Charakter eines Menschen kommt in den Zielen, die er sich setzt und erreichen will, zum Ausdruck."

Ich will, was ich will.

Ist dies nicht der Beweis dafür, daß ich einen freien Willen habe? Doch, es scheint ein Beweis zu sein.

(Ob ich erreichen kann, was ich will, steht hier nicht zur Diskussion, dies hängt von meinen Fähigkeiten und den Umweltbedingungen ab.)

Ich kann nicht wollen, was ich nicht will

2. Ich kann nicht Film Y besuchen wollen, nachdem meine Bewertung ergeben hat, daß mir eine zufriedene Frau lieber ist, als den Besuch des Filmes Y durchzusetzen.

3. Ich kann nicht Pferdefleisch essen wollen.

4. Faust kann nicht auf Liebeslust verzichten wollen.

Ich kann nicht wollen, was ich nicht will.
Heißt dies, daß ich keine Willensfreiheit habe?

Ja, es scheint, daß ich insofern keine Willensfreiheit habe, als ich nicht die Freiheit habe, etwas zu wollen, gegen das sich meine Persönlichkeit in einem bestimmten Zustande und in einem bestimmten Augenblick sträubt.

Es gibt keine höhere Instanz in mir und keinen Homunkulus, der mir anweist, was ich wollen soll. Auch mein Gewissen ist keine solche höhere Instanz, sondern mein Gewissen ist Teil meiner Persönlichkeit, es ist bei meinem Entscheidungsprozeß mit einbezogen.

Fazit

Wir haben Willensfreiheit als Freiheit definiert, nach freier Wahl Ziele setzen zu können.

Haben wir diese Freiheit? Wie wir eben gesehen haben, kann die Frage nicht mit ja oder nein beantwortet werden.

Hier meine Beurteilung:

Angenommen, in einem bestimmten Augenblick seien die Zielalternativen und die Bewertungskriterien bekannt. Die anschließende Bewertung der Ziele und die sich daraus ergebende Wahl einer der Zielalternativen ist ein algorithmischer Vorgang. Die Wahl ist determiniert, was ich will, ist determiniert. Ich habe nicht die Freiheit, ein anderes Ziel setzen zu wollen.

Im nächsten Augenblick – er kann nur Bruchteile von Sekunden später sein – können mir neue Zielalternativen einfallen, und mein IST-Zustand kann sich ändern, was zu veränderten Bewertungskriterien führen kann.

Die Veränderung meines IST-Zustandes kann durch die Umwelt bewirkt werden: durch ein Wort eines Freundes, durch ein Buch, durch eine Drohung, durch eine Aufmunterung oder durch ein Ereignis, das mich beindruckt.

Die Veränderung kann aber auch ohne Einfluß von außen geschehen: Nach- und Weiterdenken kann zu veränderten Bewertungskriterien führen.

Daraus folgt:

Ich will in jedem Augenblick das, was ich will. Das, was ich will, kann sich jedoch laufend ändern.

In jedem Augenblick ist eingleisig determiniert, was ich will. Über eine gewisse Zeitspanne hingegen ist das, was ich will, vielgleisig determiniert.

Mir scheint, daß meine Beurteilung unterstützt wird durch die Aussagen über die vielseitige Determiniertheit der Energie-umwandlungen und des Um-ordnens auf der ersten Ebene.

(Vergl. Kosmos-Sätze 4-3 und 7.1-3)

Zum Thema Individuum und Gemeinschaft

Das Individuum als Teilwesenheit der Gemeinschaft

Wir Menschen sind in eine Vielzahl von Interdependenz-geflechten eingewoben. Auch wenn wir uns selbst bleiben, sind wir doch – jeweils mit einem Anteil von uns selbst – Teilwesenheiten vieler Gemeinschaften und Institutionen. Das Leben in den verschiedenartigsten Gemeinschaften ist wesentlicher Teil unseres Menschseins.

Die Zugehörigkeit zu einer Gemeinschaft ist angeboren, erfolgt aufgrund selbst gesetzter und erreichter Ziele oder wird durch Dritte bestimmt.

Die Gemeinschaft als eine eigenständige Wesenheit

Die Gemeinschaft ist etwas anderes als die Gesamtheit der Individuen, welche die Gemeinschaft bilden. Sie ist eine eigenständige Wesenheit, eine Wesenheit der zweiten Ebene, eine Wesenheit mit eigenen Zielen und mit wesenseigenem, wenn auch mittelbarem Erreichen der eigenen Ziele. Mittelbar bedeutet hier Erreichen der Ziele durch Menschen, Tiere, Pflanzen und Automaten.

Immer sind es Menschen, welche die Ziele für die Gemeinschaft setzen, Menschen, die zur Gemeinschaft gehören, oder Außenstehende.

Ich glaube, daß die soziologischen Fragen am ehesten angegangen werden können, wenn man sich die Eigenständigkeit der Gemeinschaften und Institutionen vor Augen hält, deren Ziele kennt und weiß, wer die Ziele setzt und wer sie erreicht.

Beispiele von Gemeinschaften und ihren Individuen

Mutter/Kind und die Gemeinschaft Mutter und Kind

Die Gemeinschaft Mutter und Kind hat ihre Wurzeln im Tierreich, sie ist die älteste aller Gemeinschaften und ist dadurch bedingt, daß das Menschenkind während Jahren ohne fremde Hilfe nicht lebensfähig wäre.

Ziel der Gemeinschaft Mutter und Kind
Aufziehen des Kindes.

Mutter/Vater/Kinder und die Gemeinschaft Familie

Ziele der Familie
Aufziehen der Kinder und Zusammenleben in Liebe und Geborgenheit.

Arbeitgeber/Arbeitnehmer und die Gemeinschaft Unternehmen

Der Begriff Unternehmen wird hier umfassend verwendet für Industrie-, Gewerbe-, Landwirtschafts- und Handelsbetriebe, Schulen, Universitäten, Fernsehstationen, Spitäler, Theater, Hilfsorganisationen, Museen etc.

Arbeitgeber oder deren Vertreter sind: Inhaber, Stifter, Aktionäre, Staatsvertreter, Verwaltungs- und Stiftungsräte, Kommissionsmitglieder, Direktoren etc. (Männer und Frauen). Arbeitnehmer sind Direktoren, Abteilungs- und Filialleiter, Meister, Vorarbeiter und Arbeiter etc. (Männer und Frauen).

Ziele der Unternehmen
Herstellen von Produkten und/oder Erbringen von Dienstleistungen im weitesten Sinne; gewinnorientiert oder gemeinnützig.

Staatsbürger und die Gemeinschaft Staat

Die Gemeinschaft Staat ist aus kleinen Verteidigungs-, Angriffs- und Jagdgemeinschaften hervorgegangen.

Heute sind Staaten komplexe Gebilde mit Bürgern ohne Funktionen im Staat und mit solchen, die sich in den Dienst des Staates stellen, sei es als Beamte, Soldaten, Polizisten, Richter, Politiker, Regierungsmitglieder oder Diktatoren.

Ziele des demokratischen Staates
Die Unabhängigkeit behaupten, Ruhe und Ordnung bewahren, die Freiheit und Menschenrechte der Bürger garantieren und die gemeinsame Wohlfahrt fördern.

Wandelt sich eine Demokratie in ein Einparteiensystem oder eine Diktatur, dann wandeln sich auch die Ziele des Staates zum Nachteil seiner Bürger. Es entstehen Zielkonflikte zwischen dem Staat mit seiner privilegierten Clique und den Bürgern.

Weltbürger und die Gemeinschaft Menschheit

Ziele der Menschheit
Erhalten des Weltfriedens, Garantieren der Menschenrechte, Aufhalten der Bevölkerungsexplosion und Schutz der Umwelt.

Individuum, Gemeinschaft und Macht

Macht spielt in allen Beziehungen, respektive Bindungen zwischen Individuum und Gemeinschaft eine überragende Rolle. Darüber im nächsten Abschnitt.

Zum Thema Macht und Freiheit

Zur Erinnerung die Kosmos-Sätze, welche die Begriffe Macht, Machtmißbrauch und Freiheit definieren:

Kosmos-Satz 6.3-9
Die Macht des Menschen ist sein Vermögen, seine gesetzten Ziele erreichen zu können.

Kosmos-Satz 6.3-10
Machtmißbrauch ist das Setzen und Erreichen von Zielen, unter völliger Mißachtung berechtigter Ziele anderer Menschen.

Kosmos-Satz 6.3-11
Die Freiheit des Menschen ist sein Vermögen, Ziele zu setzen und zu erreichen, unter freiwilliger Beachtung der Ziele anderer Menschen und unter freiwilliger Berücksichtigung ethischer Werte.

Soziale Strukturen

Seit Tiere zusammenleben, gibt es soziale Strukturen, gibt es Machtstrukturen.
Auch wir Menschen haben soziale Strukturen und damit auch Machtstrukturen.
Machtstrukturen sind an sich nichts Schlechtes, entscheidend ist die Gestaltung

der Struktur. Wir unterscheiden zwischen ethisch indifferenter Machtausübung, verantwortungsbewußter Machtausübung und Machtmißbrauch.

Es gibt heute viele Menschen, die dazu neigen, ihre Macht zu mißbrauchen, und es hat sie schon immer gegeben, wie uns die Geschichte lehrt. Oberstes Ziel der Strukturierung der Gesellschaft muß darum sein, den Menschen vor dem Mißbrauch der Macht durch die Mächtigen zu schützen.

Dort, wo keine geordneten Strukturen existieren, herrscht Anarchie, und in der Anarchie wird die Masse durch die Gewalt beherrscht.

Die Macht der Mächtigen

Die Macht der Mächtigen im Staat

Es ist nicht der Staat, der die Macht in den Händen hält, sondern es sind Menschen – Bevollmächtigte: Frauen und Männer im Parlament, in der Regierung, auf dem Richterstuhl, bei der Polizei, in der Armee und in der Amtsstube.

Demokratie ist die einzige Staatsform, die Schutz vor dem Machtmißbrauch der Bevollmächtigten bieten kann, weil die Mächtigen durch den Willen des Volkes abgewählt werden können. Demokratie bildet jedoch noch keinen garantierten Schutz vor Machtmißbrauch, denn es können auch ganze Völker durch ihre Machthaber verblendet werden.

Die Macht der Mächtigen am Arbeitsplatz

Die Mächtigen in der Industrie sind die Konzernleiter und Direktoren, aber auch Abteilungsleiter, Meister und selbst Vorarbeiter haben Macht.

Auf jeder hierarchischen Stufe kann die Macht verantwortungsbewußt ausgeübt werden, oder sie kann mißbraucht werden. Selbstverständlich hat die Art der Machtausübung an der Spitze des Konzern die weitesttragenden Auswirkungen. Wer die Macht mißbraucht, den bestraft in der freien Marktwirtschaft der Markt. Ein guter, wenn auch träger Regler; derart träge, daß diejenigen, die die Macht mißbrauchen, oft ungestraft davonkommen.

Alles Gesagte gilt nicht nur für die Industrie, sondern sinngemäß auch für Dienstleistungsbetriebe, für das Gewerbe und für Spitäler, Schauspielhäuser, Musikgesellschaften, Universitäten etc. – und selbst für die Kirche. Bei den letztgenannten Institutionen wirkt allerdings der Marktregler nur bedingt, die Entmachtung derjenigen, die ihre Verantwortung bei der Machtausübung nicht wahrnehmen, wird um so schwieriger.

Die Macht der Eltern

Machtlos sind die Kinder der Macht ihrer Väter und Mütter ausgesetzt. Dummheit der Eltern kann Grund für ihren Machtmißbrauch sein, viel schlimmer ist jedoch Zügellosigkeit (vom wütenden Dreinschlagen bis zum Inzest), Herzlosigkeit und Sadismus. Leider kann die Gesellschaft nur in beschränktem Maße eingreifen, um den Machtmißbrauch der Eltern zu verhindern.

In Freiheit leben

In Freiheit leben bedeutet für mich, Ziele zu setzen und diese auch erreichen zu können, unter freiwilliger Beachtung der Ziele anderer Menschen und unter freiwilliger Berücksichtigung ethischer und religiöser Werte.

In Freiheit zu leben, wird durch äußere Faktoren und durch meine Veranlagung beeinflußt.

Äußere Faktoren: Die Macht der Mächtigen beschränkt meine Freiheit; wird sie aber verantwortungsbewußt ausgeübt, werde ich die Beschränkung meiner Freiheit akzeptieren können.

Machtmißbrauch hingegen schränkt meine Freiheit ein und kann mich im Extremfall bis zur Auslieferung an Folterknechte bringen.

Veranlagung: Meine Veranlagung kann die Palette der Ziele, die ich setzen und erreichen will, auf eine breite Basis stellen oder durch Zwänge – beispielsweise durch reines Prestigedenken – stark einschränken.

Der Kosmos-Satz, den es wahrscheinlich nie geben wird

Verglichen mit den gewaltigen technischen Errungenschaften in den letzten 10000 Jahren haben wir es in der sozialen Entwicklung noch wenig weit gebracht.

Wenn wir auch anfangs des dritten Jahrtausends noch weit davon entfernt sind, kann ich mir vorstellen, daß die Globalisierung der Wirtschaft auch eine Globalisierung der Demokratie nach sich ziehen könnte. Damit würde der Machtmißbrauch der Mächtigen im Staat eingedämmt.

Die Allgemeine Menschenrechtserklärung vom 10. Dezember 1948, welche von der UNO-Generalversammlung in Form einer rechtlich unverbindlichen Empfehlung angenommen wurde, ist ein erster ermutigender Schritt.

Schwieriger wird es sein, den Machtmißbrauch in der Familie und im Berufsleben in Schranken zu halten. Warum?

Weil es immer Menschen mit schlechtem Charakter geben wird. Ethik und Moral haben nur eine schwache biologische Grundlage. Trotzdem wäre es ein gewaltiger Fortschritt, wenn die soziale Evolution den folgenden Kosmsos-Satz möglich machen würde:

Kosmsos-Satz, den es wahrscheinlich nie geben wird
Sachverhalt der Evolution ist das Austilgen des Machtmißbrauchs durch den Menschen.

Zum Thema Geist und Materie

Das Geist-Materie-Problem

Bei Diskussionen über das Geist-Materie-Problem ergeben sich zwei Fragen, die sich unter anderen auch der Physiker Roger Penrose in seinem Buch „Computerdenken" stellt.

Die passive Seite des Geist-Materie-Problems

Frage: Wodurch kann der Leib, einschließlich Gehirn, Bewußtsein hervorrufen?

Die Antwort aufgrund der Kosmos-Sätze lautet: Durch die unglaublich komplexen Anordnungen und Impulse der Teilwesenheiten des Menschen und insbesondere der Teilwesenheiten seines Gehirns – bis hinunter zu jedem Neuron, jeder Synapse, jeder Molekülgruppe und jedem Elektron (Ordnung auf der ersten Ebene) – sind Ordnungen auf der zweiten und dritten Ebene überlagert, die unter anderem als Bewußtsein auftreten.

Die aktive Seite des Geist-Materie-Problems

Frage: Wodurch kann das Bewußtsein die Bewegung materieller Objekte beeinflussen?

Gerald M. Edelmann gibt zur Antwort: „But ‚thoughts' do not drive molecules, states of systems alter other states."

In gleichem Sinne lautet die Antwort aufgrund der Kosmos-Sätze: durch das Setzen und Erreichen von Zielen.

Das Setzen und Erreichen von Zielen ist Auftreten von Um-ordnen auf der dritten, mentalen Ebene. Dieses Um-ordnen ist dem Um-ordnen auf der ersten, physikalischen und der zweiten, biologischen Ebene überlagert.

Das Um-ordnen auf der zweiten Ebene ist im wesentlichen ein äußerst komplexes Wechseln des räumlich-zeitlichen Musters von aktiven und inaktiven Neuronen, hervorgerufen durch Milliarden von Standort- und Impulsänderungen.

Befohlen werden die Bewegungen durch ein spezifisches räumlich-zeitliches Muster von aktiven und passiven Interneuronen des Gehirns. Die Befehle werden durch Motorneuronen des Nervensystems übermittelt. Schlußendlich werden die

Ziele durch Muskelbewegungen erreicht. Muskelbewegungen z. B. zum Gehen, Sprechen oder Schreiben.

Was den Antworten zugrunde liegt

Warum kann ich mit Hilfe der Kosmos-Sätze die beiden gestellten Fragen beantworten – immer vorausgesetzt, die Kosmos-Sätze geben die Wirklichkeit richtig wieder?

Weil die Kosmos-Sätze aussagen,

1. daß das Um-ordnen auf der dritten Ebene dem Um-ordnen auf der ersten und der zweiten Ebene überlagert ist;

(Vergl. Kosmos-Satz 7-2)

2. daß das Energie-umwandeln und das Um-ordnen auf allen drei Ebenen nur gemeinsam auftritt.

(Vergl. Kosmos-Satz 1-5)

Vom Problem zum Sachverhalt

Die neuen Erkenntnisse der Neurophysiologie und Psychologie wandeln allmählich die Beziehung zwischen Geist und Materie von einem Problem zu einem Sachverhalt.

Bleibt die Frage: Wie kam es zu Leib, Geist und Bewußtsein?

Die Antwort ist in der biologischen und mentalen Evolution zu suchen.

Im Kapitel 8 „Sachverhalte der Evolution" versuchten wir darzulegen, wie es zur Überlagerung der biologischen und mentalen Ebene über die physikalische Ebene kam. Wir haben als Beispiel der Überlagerung der biologischen Ordnung über die physikalische Ordnung genannt, wie der chemisch/physikalischen *Eigenschaft,* sich zu reproduzieren, die biologische *Fähigkeit* zur Reproduktion überlagert wurde.

Weiter haben wir als Überlagerung der mentalen Ebene über die biologische Ebene geschildert, wie der *Wahl* eines Teilziels des Überlebensziels, das *Setzen* eines Teilziels überlagert wurde.

(Vergl. Kosmos-Sätze 8-2 und 8-3)

Künstliche Intelligenz ja, aber …

Ist künstliche Intelligenz (KI) machbar? – Eine künstliche Intelligenz mit künstlichem Verstand, künstlichen Gefühlen, künstlichen (An-)Trieben, künstlicher Willensfreiheit, künstlichem Setzen von Zielen und künstlichem Bewußtsein.

Theoretisch ja, falls die Ordnung und das Um-ordnen auf der ersten Ebene nachgebaut werden kann. Die Ordnung auf der ersten Ebene beginnt mit der Anordnung von Protonen, Neutronen und Elektronen. Alle Lebewesen, wir Menschen eingeschlossen, basieren auf der Anordnung, die den Elementen Kohlenstoff, Wasserstoff, Sauerstoff, Stickstoff, Schwefel, Phosphor und Spuren von Metallen zugrunde liegt. Dann kommt die Anordnung dieser Atome in den Molekülen und weiter die höchst komplexe Anordnung der Aminosäuren in den Proteinen und der Nukleinsäuren der DNS. Dann muß das Nachbauen der Ordnung fortgesetzt werden bis zum Nachbau von Zellen, Zellverbänden inklusive Neuronennetze, Organen und schließlich zum Nachbau der Ordnung auf der ersten Ebene des künstlichen Menschen mit seinem Gehirn. Aus der Ordnung auf der ersten Ebene und den Einwirkungen aus der Umwelt wird sich das Um-ordnen auf der ersten Ebene ergeben und – diesem überlagert – das Um-ordnen auf der zweiten und dritten Ebene.

Fragen an die Promotoren der Künstlichen Intelligenz (KI):

1. Wird jemals auch nur eine einzige Zelle nachgebaut und zum Funktionieren, d. h. zum Erreichen ihrer wesenseigenen Ziele gebracht werden können?

2. Könnte künstliche Intelligenz mit allem, was sie beinhaltet, auf anderen Elementen, beispielsweise auf Silicium, aufgebaut werden?

Ich maße mir keine Antwort an, möchte aber den Befürwortern der KI zu bedenken geben, daß man künstliche Intelligenz kaum auf einer Ordnung und einem Um-ordnen auf der ersten Ebene überlagern kann, die weniger komplex sind als beim Menschen aus Fleisch und Blut.

Die Komponenten von Leib und Seele

Der Begriff Seele ist mit religiösen Vorstellungen verknüpft, daher ist die Behandlung des Leib-Seele-Problems heikel. Jedenfalls muß klar zwischen Glauben und Wissen unterschieden werden.

Ich versuche das Problem mit der Frage nach den Komponenten von Leib und Seele anzugehen.

Betrachten wir zunächst die Komponenten eines Steins.

Ein Stein

> *Ein Stein*

Ein Stein ist eine Wesenheit der ersten Ebene.

Die Komponenten des Seins des Steines sind:
- Energie bzw. deren Auftrittsformen,
- Ladungen und
- Ordnung auf der ersten Ebene.

Die Komponenten des Geschehens im und mit dem Stein sind:
- Energie-umwandeln und
- Um-ordnen auf der ersten Ebene.

Und nun zu den Komponenten des Menschen.

Ein Mensch

> *Ein Mensch*
> *sein Leib +*
> *seine Seele*

Ein Mensch ist eine Wesenheit der dritten Ebene.

Die Komponenten des Seins des Menschen sind:
- Energie bzw. deren Auftrittsformen,
- Ladungen und
- Ordnung auf der ersten, zweiten und dritten Ebene.

Die Komponenten des Lebens des Menschen sind:
- Energie-umwandeln und
- Um-ordnen auf der ersten, zweiten und dritten Ebene.

Sein Leib

Die Komponenten des Seins des Leibes sind:
- Energie bzw. deren Auftrittsformen,
- Ladungen und
- Ordnung auf der ersten und der zweiten Ebene.

Die Komponenten des Lebens des Leibes sind:
- Energie-umwandeln und
- Um-ordnen auf der ersten und der zweiten Ebene.

Seine Seele

Die Komponente des Seins seiner Seele ist:
- Ordnung auf der dritten Ebene.

Die Komponente des Seelenlebens ist:
- Um-ordnen auf der dritten Ebene.
  (Vergl. Kosmos-Sätze 6.3-1 und 7.3-1)

Der Mensch = sein Leib + seine Seele ist eine historisch gewachsene Aufteilung des Menschen. Sie ist ein Kind des Dualismus.

Die Unaufteilbarkeit des Menschen in Leib und Seele

Ich kann wohl – wie eben getan – den Menschen *analysieren* und ihn in einen Leib und eine Seele aufteilen, aber der Mensch *ist* in Wirklichkeit nicht aufteilbar.

Warum nicht?

1. Weil die Seele eine Ordnung auf der dritten Ebene und das Seelenleben ein Um-ordnen auf der dritten Ebene ist, das unaufteilbar der Ordnung und dem Um-ordnen auf der ersten und der zweiten Ebene überlagert ist.

(Vergl. Kosmosätze 6-2 und 7-2)

2. Weil Ordnung nur gemeinsam mit Energie und Ladung auftritt und das Umordnen nur gemeinsam mit dem Energie-umwandeln.

(Vergl. Kosmos-Sätze 1-3 und 1-5)

Konsequenzen der Unaufteilbarkeit in Leib und Seele

Aus der Sicht der Kosmos-Sätze muß ich folgende Schlüsse ziehen:

1. Es gibt keine Seelenwanderung
2. Es gibt kein Weiterleben der Seele nach dem Tod.

Ist nun auch mir eine unheilvolle Vermischung von Glauben und Wissen unterlaufen?

Nein. Meine Schlüsse habe ich aus der Sicht der Kosmos-Sätze gezogen. Bei den Kosmos-Sätzen, selbst wenn sie *richtig sind,* muß offenbleiben, ob sie auch *wahr sind* – unser Erkenntnisapparat ist für eine derartige Beurteilung untauglich; er kann keine metaphysischen Fragen beantworten.

Ich habe dies eingangs im Kapitel „Wirklichkeit und Wahrheit" dargelegt.

Die Antwort auf die Frage nach einem Weiterleben der Seele nach dem Tode oder nach irgendeiner anderen Form des Weiterlebens ist und bleibt Glaubenssache.

Ich persönlich kann nicht an eine den Körper verlassende, ewig lebende Seele glauben, aber – wie bereits früher ausgeführt – ich fühle mich als Teilwesenheit des Ganzen irgendwie „aufgewertet" und auf unfaßbare Weise mit dem Unfaßbaren verbunden.

Eingliederung in eine philosophische Position

In welche philosophische Position läßt sich meine Stellungnahme zum Leib-Seele-Problem eingliedern?

Nach Godehard Brüntrup ergeben sich vier Hauptpositionen:

a) Es gibt mentale Entitäten. Sie gehören einem vom Bereich physischer Entitäten unabhängigen Bereich an.

b) Es gibt mentale Entitäten. Sie gehören nicht einem vom Bereich physischer Entitäten unabhängigen Bereich an. Sie sind abhängig von ihnen zugrunde liegenden physischen Entitäten, ohne jedoch vollständig auf diese reduzierbar zu sein.

c) Es gibt mentale Entitäten. Sie gehören nicht einem vom Bereich physischer Entitäten unabhängigen Bereich an. Sie sind abhängig von ihnen zugrunde liegenden physischen Entitäten und können vollständig auf diese reduziert werden.

d) Es gibt keine mentalen Entitäten.

Die cartesischen und modernen dualistischen Positionen a) und der reine Materialismus bzw. reduzierbare Physikalismus c) und d) sind mit den Kosmos-Sätzen unvereinbar.

Meine auf den Kosmos-Sätzen basierendePosition fällt unter die Hauptposition b).

Sie wird nicht reduzierbarer Physikalismus genannt. Es ist eine Emergenz- bzw. Supervenienztheorie. Die Begriffe basieren auf den englischen Verben „to emerge", neu entstehen, und „to supervene", noch dazukommen.

Wir erinnern uns: Die Ordnungen auf der zweiten und der dritten Ebene sind im Laufe der Evolution „neu entstanden" bzw. „noch dazugekommen". Sie sind den Ordnungen auf den niedrigeren Ebenen überlagert.

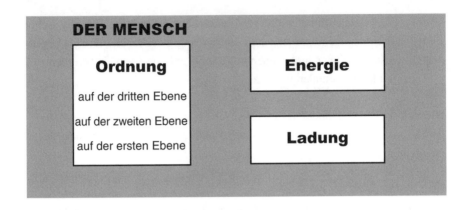

DER MENSCH

Ordnung	Energie
auf der dritten Ebene	
auf der zweiten Ebene	Ladung
auf der ersten Ebene	

= SEIN LEIB

Ordnung	Energie
....	
auf der zweiten Ebene	Ladung
auf der ersten Ebene	

+ SEINE SEELE

Ordnung	....
auf der dritten Ebene	
....	....
....	

Der Mensch = sein Leib + seine Seele
Rein analytisch betrachtet in Wirklichkeit nicht aufteilbar

Anhang

- Lous maternale Ahnengalerie
  Bilder von Caroline Elsaesser
- Zitierte Literatur
- Die 64 + 1 Kosmos-Sätze

Lous maternale Ahnengalerie

Lou und ihre Ahnen

Am Beispiel der maternalen Ahnenreihe meiner Großtochter Lou möchte ich den „roten Faden" aufzeigen, der sich über Milliarden Jahre dahingezogen hat. Lou ist die Tochter unserer Tochter. Meine Frau ist die Tochter meiner Schwiegermutter, deren Mutter aus Bergamo in die Schweiz einwanderte. Von ihrer Mutter, Lous Urururgroßmutter, existiert noch eine vergilbte Fotografie, dann verliert sich die Ahnengalerie im Anonymen, aber es gab sie – ohne jeden Zweifel. Der Hochadel vermag, statt nur sechs, eine Ahnengalerie von vielleicht 40 Generationen zu identifizieren – aber was bedeutet dies schon, wenn die rein mental/kulturelle Evolutionsperiode alleine 2000 bis 3000 Generationen aufweist.

Lous maternale Ahnenreihe ist eine *ununterbrochene* Reihe von Müttern und deren Müttern bis zurück zum ersten erfolgreichen Teilen und Wachsen. Es ist eine sich über Milliarden Jahre und Milliarden Generationen hinziehende Erfolgsstory von Müttern, die mindestens so lange überlebten, bis sie eine Tochter geboren haben, die selbst wieder Mutter einer Tochter war.

Oder mit den Worten der Evolution ausgedrückt: Eine *ununterbrochene,* fast fehlerfreie Weitergabe der Ordnung auf der ersten, der zweiten und später der dritten Ebene von der Mutter auf die Tochter, vom ersten Teilen und Wachsen, über die Urzelle, über Einzeller, über Fischmütter, Reptilienmütter, Affenmütter und Hominidenmütter bis zu Lou.

Perioden der Ahnenreihe und Evolutionsperioden

Die Perioden der Ahnenreihe und die Evolutionsperioden sind auf das Relevante ihres Zeitabschnitts ausgerichtet. Die Dauer der Perioden ist sehr unterschiedlich.

Wir teilen die Vergangenheit in sieben Perioden ein und unterscheiden zwischen rein physikalischen, vorbiologischen, biologischen, biologisch/mental/kulturellen und mental/kulturellen Evolutionsperioden.

Die Ahnengalerie beginnt mit Lous Mutter (Periode 1) und reicht zurück bis zum ersten erfolgreichen Teilen und Wachsen (Periode 6).

Die Evolution geht den umgekehrten Weg, sie beginnt mit dem Urknall (Periode 7) und reicht bis zur Gegenwart (Periode 1).

Nachfolgend sind in Stichworten die „Highlights" jeder Periode aufgelistet.

Lous maternale Ahnengalerie

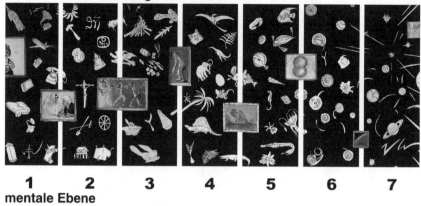

Periode 1 2 3 4 5 6 7

mentale Ebene

biologische Ebene

physikalische Ebene

Periode 1
VON LOU ZURÜCK ZU IHRER URURGROSSMUTTER

Periode 2
VON DER URURGROSSMUTTER ZURÜCK BIS ZU EVA

Periode 3
VON DEN EVAS ZURÜCK BIS ZU DEN AFFENURMÜTTERN

Periode 4
VON DEN AFFENURMÜTTERN ZURÜCK BIS ZU DEN REPTILURMÜTTERN

Periode 5
VON DEN RERTILURMÜTTERN ZURÜCK BIS ZUR URZELLE

Periode 6
VON DER URZELLE ZURÜCK BIS ZUM ERSTEN TEILEN UND WACHSEN

Periode 7
VOM ERSTEN TEILEN UND WACHSEN ZURÜCK BIS ZUM URKNALL

Periode 1

Von Lou zurück bis zu ihrer Ururgroßmutter

Von heute bis ins 19. Jahrhundert. Fortgang der mentalen und kulturellen Evolution.

Ideologische und soziale Entwicklung:
- Keine Überwindung des Machtmißbrauchs durch den Menschen
- Stagnation der religiösen und sozialen Entwicklung

Wissenschaftliche Entwicklung:
- Relativitätstheorie bringt Wandel in der Auffassung von Raum und Zeit und zeigt die Äquivalenz von Masse und Energie
- Quantenphysik
- Entdeckung der Expansion des Weltalls, Urknalltheorie
- Entdeckung der Atomkernspaltung
- Entdeckung der Desoxyriboninsäure-Fadenmoleküle als Träger der Erbinformation
- Entstehen neuer Wissenschaftbereiche wie Mikrobiologie, Verhaltenslehre und Gehirnforschung
- Leistungsfähige Medizin
- Gentechnologie

Technische Entwicklung:
- Leistungsfähige industrielle Produktion dank elektrischer Energie, Fließbändern, Maschinen und Automaten
- Leistungsfähige Landwirtschaft
- Flugzeuge
- Radio, Telefon, Fernsehen, Internet
- Computer
- Atomkraftwerke und Atombomben
- Raketen, Satelliten und Raumfähren – Flug auf den Mond
- Leistungsfähige Medizin

Künstlerische Entwicklung

Periode 2

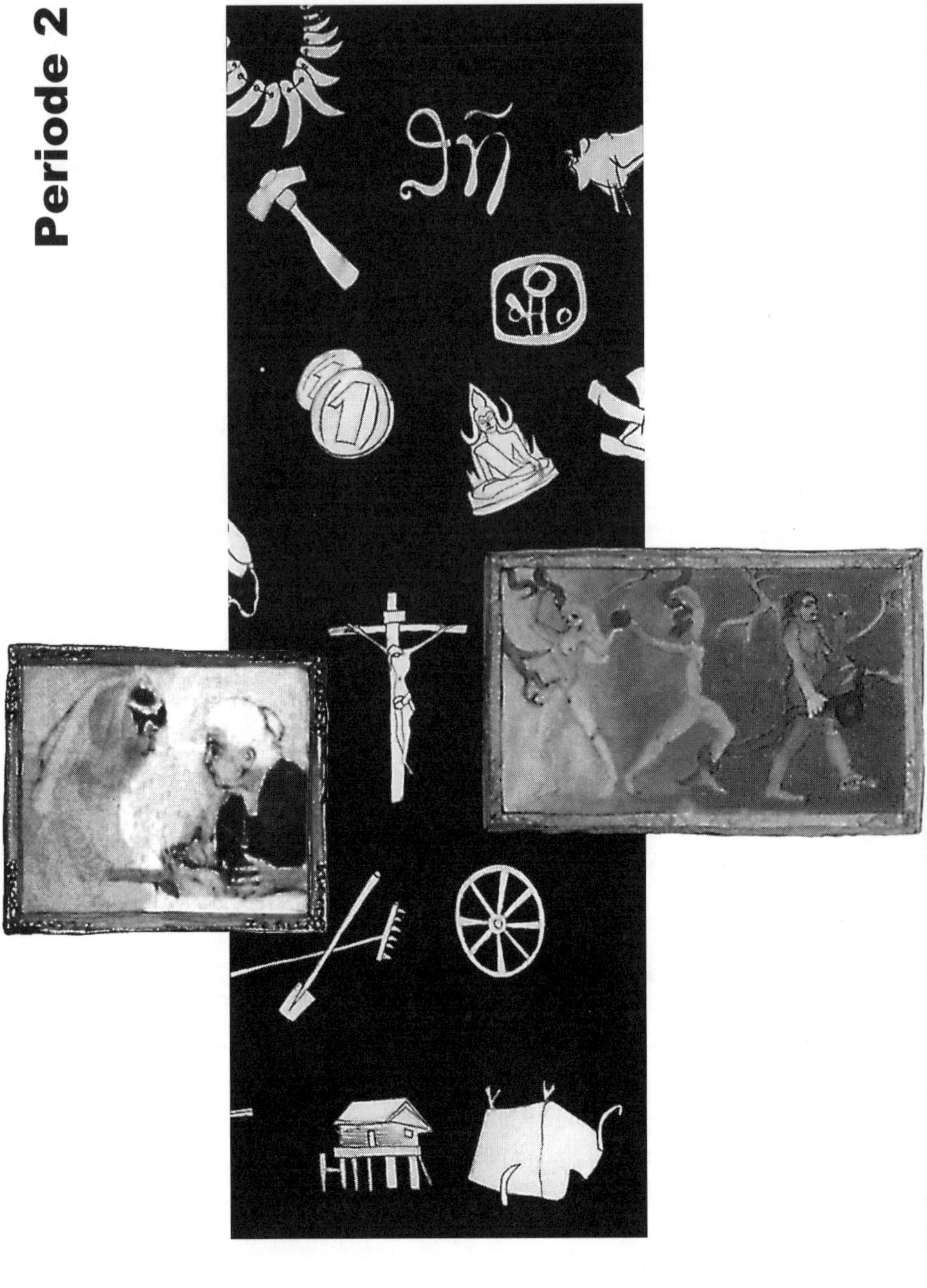

Periode 2

Von der Ururgroßmutter zurück bis zu den Evas

Vor 100 Jahren bis vor ca. 50000 Jahren. Fortgang der mentalen und kulturellen Evolution.

Ideologische Entwicklung:
– Religiöse Entwicklung von Mythen, Göttern und Dämonen bis zum Christentum und den anderen Hochreligionen

Soziale Entwicklung:
– Vom Leben in kleinen Gruppen bis zum seßhaften Leben in immer größeren sozialen Organisationen – Entstehen von Städten
– Etablieren von ungeschriebenen und später geschriebenen Normen, Gesetzen, Verboten und Geboten, kurz: Regeln des Zusammenlebens
– Einführen des Geldes
– Arbeitsteilung läßt den Handwerker und Händler entstehen und später Gewerbe-, Handels- und Industrieunternehmen

Wissenschaftliche Entwicklung:
– Entwicklung der Mathematik und der Naturwissenschaften vom Stand Null bis zu einem beachtlichen Wissen in der Astronomie, Physik, Chemie und Biologie

Technische Entwicklung:
– Vom reinen Jagen und Sammeln zur Entwicklung von Ackerbau und Viehzucht (in den letzten 10000 Jahren)
– Vom Leben in Höhlen zum seßhaften Leben in Hütten und Häusern
– Von Steinwerkzeugen zu Bronze- und Eisenwerkzeugen und später zu Geräten und Maschinen
– Erfinden des Wagenrads
– Erfinden der Schrift, später des Buchdrucks
– Entwicklung der Waffen von der Steinschleuder bis zum Erfinden des Pulvers

Künstlerische Entwicklung

Periode 3

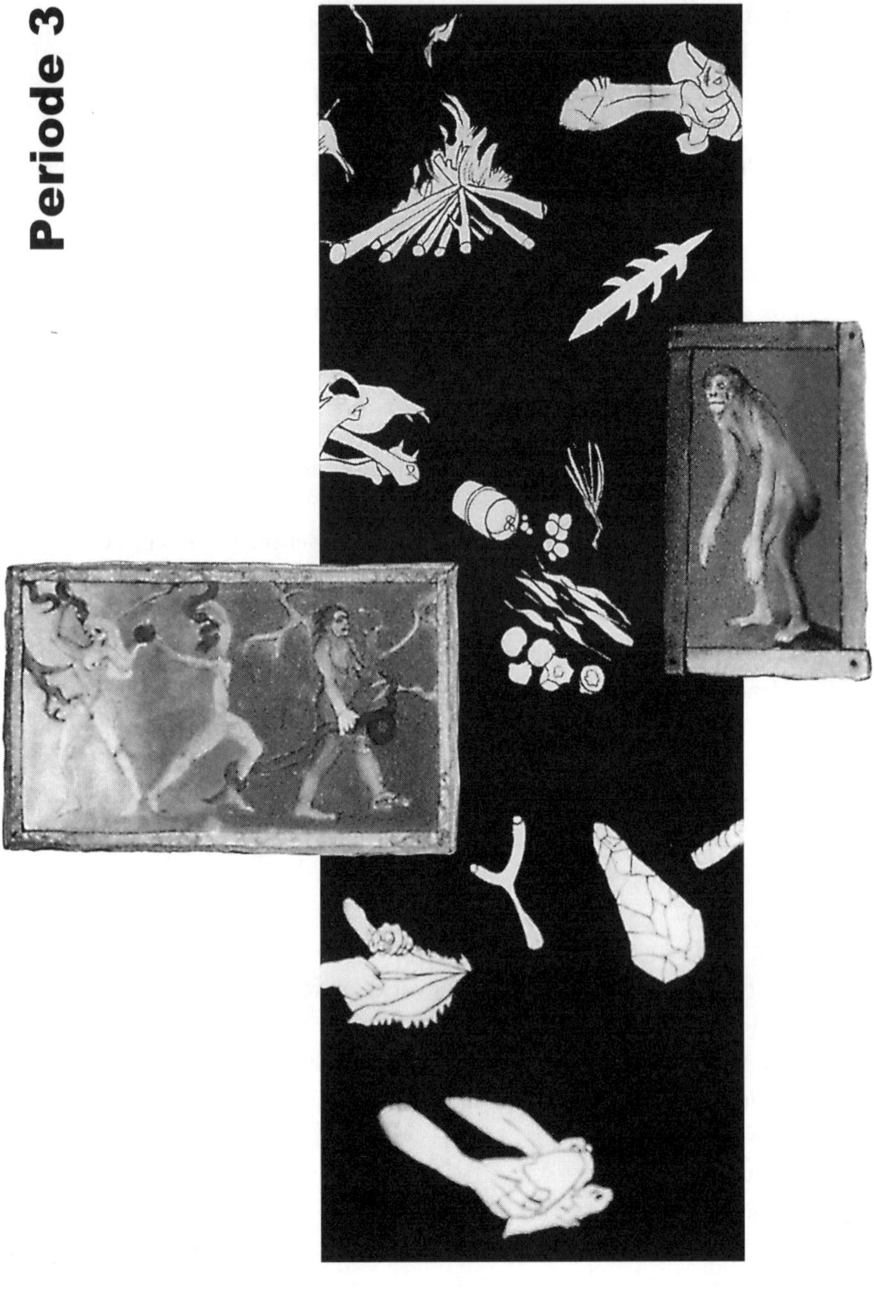

Periode 3

Von den Evas zurück bis zu den Affenmüttern

Vor ca. 50000 Jahren bis vor 5 bis 7 Millionen Jahren.

Fortgang der biologischen und Beginn und Fortgang der mentalen und kulturellen Evolution.

- Beginn der getrennten Evolution von Hominiden und Menschenaffen vor 5-7 Millionen Jahren
- Aufrechter Gang der Hominiden
- Vergrößerung der Hirnvolumen
- Umnutzung von Interneuronen zum Setzen von Zielen und zum Denken allgemein
- Anpassung des Körperbaus und Bewegungsapparats an den aufrechten Gang
- Umwandlung der Vorderbeine in Arme, Hände und Finger, Hände mit verlängerten und abgewinkelten Daumen.
- Erhöhung der Präzision der Bewegungen von Armen, Händen und Fingern
- Werfen von Steinen gegen Freßfeinde, Beutetiere und Artgenossen – zunehmende Treffsicherheit
- Verlegen des Lebensraums vom tropischen Urwald in die Savanne Ostafrikas und Umstellung in der Ernährung
- Herstellung und Gebrauch einfacher Steinwerkzeuge durch den Homo habilis vor ca. 250000 Jahren
- Der Homo erectus besiedelt Asien und Europa, erstes „Out of Africa" vor ca. 180000 Jahren
- Gebrauch des Feuers
- Der Homo sapiens besiedelt in einem zweiten „Out of Africa" Europa und Asien vor ca. 130000 Jahren, oder, nach einer anderen Theorie, der Homo sapiens entwickelt sich an verschiedenen Stellen der Welt aus dem Homo erectus
- Bewußtsein und Selbstbewußtsein emergieren
- Sprache entwickelt sich
- Enstehen des Homo sapiens sapiens – Auftreten des Menschen, der weiß, daß er weiß
- Abschluß der biologischen Evolution des Menschen vor ca. 50 000 Jahren

Periode 4

Von den Affenmüttern zurück bis zu den Reptilurmüttern

- Erobern des Festlandes als neuem Lebensraum, zuerst als Amphibien, d. h. deren Töchter kamen noch als Kaulquappen zur Welt
- Entwicklung der Reptilien, deren Töchter zu Lande zur Welt kamen und vor dem Schlüpfen durch die neu erfundene Eierschale vor dem Austrocknen geschützt wurden
- Unter vielen anderen Wirbeltieren Entwicklung der Säuger
- Entstehen der biologischen Vielfalt auf dem Festlande
- Entwicklung von Tieren mit komplexer Gehirntätigkeit
- Unter vielen anderen Säugern Entwicklung der Herrentiere: Halbaffen, Affen und Menschenaffen

Periode 5

Von den Reptilurmüttern zurück bis zur Urzelle

Vor ca. 370 bis vor ca. 3500 Millionen Jahren. Beginn und Fortgang der biologischen Evolution.

- Durch Mutation und kumulative Selektion entwickelt sich eine Vielzahl von verschiedenartigen, an ihre Umwelt angepaßten Einzellern
- Enstehen von Lebewesen aus Tausenden bis Billionen Zellen
- Spezialisierung bzw. Arbeitsteilung der Zellen der vielzelligen Lebewesen
- Enstehen der biologischen Vielfalt
- Unter vielen anderen Entwicklung der Fische als erste Wirbeltiere

Periode 6

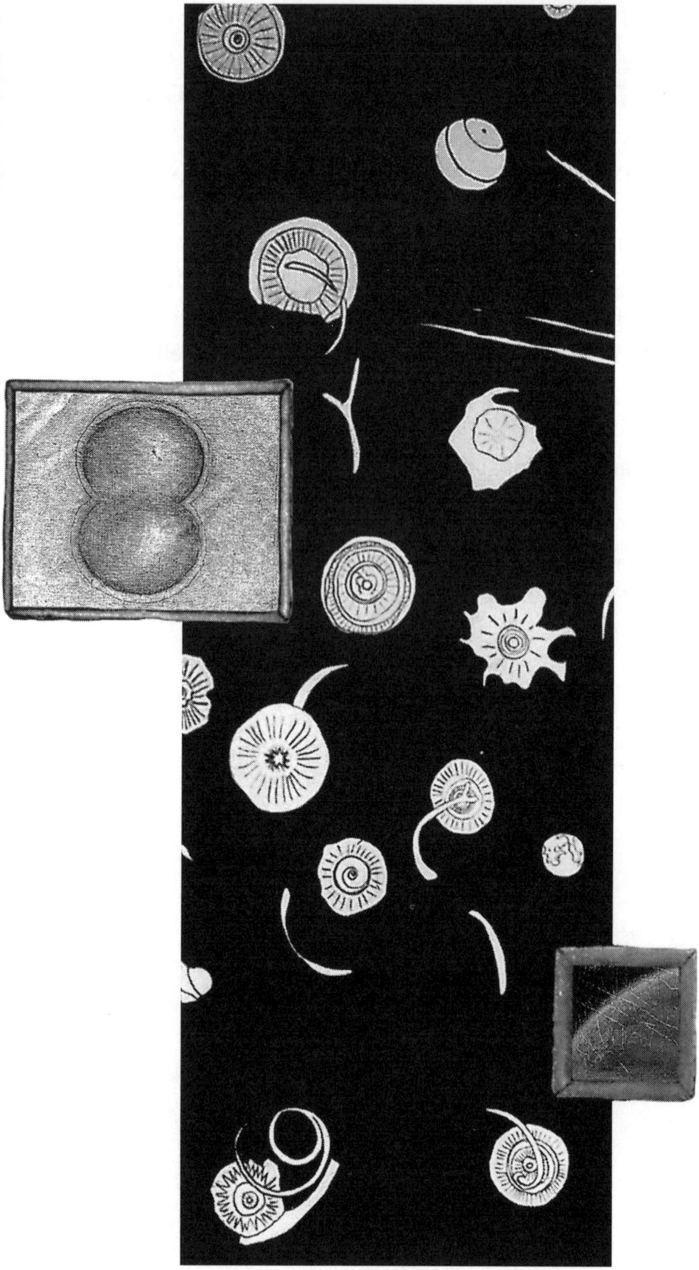

Periode 6

Von der Urzelle zurück bis zum ersten Teilen und Wachsen

Vor ca. 3500 bis vor ca. 4000 Millionen Jahren. Vorbiologische Evolution.

- Durch Wachsen und Teilen und durch kumulative Selektion entstehen unzählige verschiedenartige, kürzere und längere Generationenreihen mit immer komplexer werdenden Teilen
- Außer einer einzigen Generationenreihe sind alle anderen irgend einmal abgerissen, oder ihre letzten Glieder wurden in die erfolgreiche Generationenreihe integriert
- Eine einzige Generationenreihe ist erfolgreich geblieben, sie hat die Urzelle hervorgebracht
- Entstehen von Leben auf der Erde

Periode 7

Vom ersten Teilen und Wachsen zurück bis zum Urknall

Vor ca. 4000 bis vor 12000 bis 15000 Millionen Jahren. Rein physikalische Evolution.

- Urknall und Beginn der Expansion des Weltalls
- Auftreten der Komponenten des Kosmos und ihrer Träger
- Atome, Moleküle und Gaswolken entstehen
- Gaswolken bilden Galaxienhaufen, Galaxien und Sonnen
- Planeten bilden sich, einer davon ist unsere Erde
- Die Erde kühlt sich ab, eine feste Erdkruste entsteht
- Erstes Teilen und Wachsen einfachster Strukturen auf der Erdoberfläche

Literatur

Zitierte Bücher

Brüntrup, G.
Das Leib-Seele-Problem
Verlag W. Kohlhammer GmbH, Stuttgart 1996

Calvin, W. H.
Die Symphonie des Denkens
„The Cerebral Symphony"
Carl Hanser Verlag, München, Wien 1993

Canetti, E.
Masse und Macht
Fischer Taschenbuch Verlag, Frankfurt 1981

Cheney, D. L. und Seyfarth, R. M.
Wie Affen die Welt sehen
„How Monkeys See the World"
Carl Hanser Verlag, München, Wien 1994

Dawkins, R.
Der blinde Uhrmacher
„The Blind Watchmaker"
Deutscher Taschenbuchverlag, München 1990

Eccles, J. und Popper, K.
Das Ich und sein Gehirn
„The Self and its Brain"
Piper Verlag, München, 1997

Edelmann, G. M.
Göttliche Luft, vernichtendes Feuer
„Bright Air, Brilliant Fire – On the matter of the mind"
Piper Verlag, München, Zürich, 1995

Edelmann, G. M.
„The remembered present, A biological theory of consciousness"
Basic Books Inc., New York 1989

Goodall, J.
Wilde Schimpansen
„In the Shadow of Man"
Rowohlt Taschenbuchverlag, Reinbek bei Hamburg 1991

Hawking, S. W.
Eine kurze Geschichte der Zeit
„A Brief History of Time"
Rowohlt Verlag, Reinbek bei Hamburg 1988

Jung, C. G.
Psychologie und Religion
Rascher Verlag, Zürich, Stuttgart 1962

Küng, H.
Existiert Gott?
Piper Verlag, München, Zürich 1978

Lorenz, K.
Die Rückseite des Spiegels
Piper Verlag, München, Zürich 1973

Monod, J.
Zufall und Notwendigkeit
„Le hasard et la necessité"
Piper Verlag, München, Zürich 1971

Penrose, R.
Computerdenken
„The Emperor's New Mind"
Spektrum der Wissenschaft Verlag, Heidelberg 1991

Roth, G.
Das Gehirn und seine Wirklichkeit
Suhrkamp Verlag, Frankfurt 1995

Weinberg, S.
Die ersten drei Minuten
„The First Three Minutes"
Piper Verlag, München, Zürich 1977

Die 64 + 1 Kosmos-Sätze

1. Die Komponenten des Kosmos

2. Wesenheiten

5. Ladung

6. Ordnung

6.1 Ordnung auf der ersten Ebene

6.2 Ordnung auf der zweiten Ebene

Kosmos-Satz 6.2-1

Ordnung auf der zweiten Ebene tritt primär auf:
- als Fähigkeit, Ziele zu erreichen,
- als Fähigkeit zu empfinden und
- als Gefühle.

6.3 Ordnung auf der dritten Ebene

Kosmos-Satz 6.3-1

Ordnung auf der dritten Ebene tritt primär auf:
– als Fähigkeit, Ziele zu setzen und zu erreichen, und allgemein
– als Fähigkeit zu denken,
– als Fähigkeit, vertieft zu empfinden,
– als Bewußtsein, Geist und Seele und

Kosmos-Satz 6.3-2

Von einem Menschen gesetzte Ziele können erreicht werden:
– von ihm selbst,
– von anderen Menschen,
– von Institutionen,
– von Pflanzen und Tieren und

Kosmos-Satz 6.3-3

Die Fähigkeit des Menschen, ein Ziel zu setzen, unterteilt sich in die Fähigkeiten:
– die Umwelt wahrzunehmen,
– sich zu erinnern,
– Zielalternativen zu kreieren,
– Bewertungskriterien aufzustellen,

Kosmos-Satz 6.3-4

Die Fähigkeit des Menschen, ein selbst gesetztes Ziel zu erreichen, unterteilt
sich in die Fähigkeiten:
– die Umwelt wahrzunehmen,
– sich unbewußt und bewußt zielgerichtet zu verhalten bzw. zu handeln und

Kosmos-Satz 6.3-5

Kosmos-Satz 6.3-6

Kosmos-Satz 6.3-7

7. Um-ordnen

7.1 Um-ordnen auf der ersten Ebene